AI와 스포츠 심판

AI총서

인공지능 시대입니다. 기계가 인간의 인지를 대신하고, 사물이 인간을 통하지 않고 다른 사물과 직접 커뮤니케이션합니다. 이에 따른 인간 삶과 문명 변화를 정확히 이해·예측·대응하는 것은 이 시대 우리 모두의 과제입니다. AI총서는 인공지능 기술과 환경의 여러 주제를 10가지 키워드로 정리합니다. 관련 개념과 이론, 학계와 산업계의 쟁점, 우리 일상의 변화를 다룹니다. 인간과 기술의 현재, 미래를 세심히 분석합니다.

일러두기

- 인명, 작품명, 저서명, 개념어 등은 한글과 함께 괄호 안에 해당 국가의 원어를 병기했습니다.
- 외래어 표기는 현행 어문규정의 외래어표기법을 따랐습니다.

처음이세요?

전문가세요?

지금, 큐알 찍으면

- AI 입문서 바로 선물
- 당신만의 필독서 추천
- 500권 요약본 공짜
- 오디오북 무료 사용

AI와 스포츠 심판

윤지운

대한민국, 서울, 커뮤니케이션북스, 2025

AI와 스포츠 심판

지은이 윤지운
펴낸이 박영률

초판 1쇄 펴낸날 2025년 12월 17일

커뮤니케이션북스(주)
출판 등록 2007년 8월 17일 제313-2007-000166호
02880 서울시 성북구 성북로 5-11
전화(02) 7474 001, 팩스(02) 736 5047
commbooks@commbooks.com
www.commbooks.com

ISBN 979-11-430-0885-5 03500

책값은 뒤표지에 표시되어 있습니다.

차례

기술, 스포츠 판정의 새로운 해법을 제시하다

한때 스포츠계에는 '오심도 경기의 일부'라는 말이 통용됐다. 이는 인간 심판의 한계를 담담히 받아들이는 체념 어린 표현이었으나, 현대 스포츠는 막대한 자본과 첨단 기술이 결합된 거대한 산업으로 성장하며 판정의 정확성에 대한 요구가 그 어느 때보다 높아졌다. 선수들은 수년간 땀 흘려 쌓아 온 노력이 오심으로 물거품이 되는 것을 원치 않으며, 팬들은 자신이 응원하는 팀이 불공정한 판정으로 인해 피해를 보는 것을 더 이상 용납하지 않는다. 기술 발전으로 충분히 막을 수 있는 잘못된 판정을 예전처럼 그냥 넘긴다면, 그것이야말로 스포츠 정신에 어긋나는 일이라는 인식이 확산되고 있다.

실제로 21세기에 들어 다양한 스포츠 종목에 새로운 판정 기술이 속속 도입됐다. 2006년 테니스에 도입된 호크아이 시스템은 그 대표적인 예다. 코트 주변에 설치된 수십 대의 카메라로 공의 궤적을 추적해 인 또는 아웃을 판정하는 이 기술은 인간 심판의 30~40mm에 이르는 오차를 3mm 이하로 줄여 줬다. 비록 '테니스 황제' 로저 페더러는 "100% 정확하지 않다"며 회의적인 반응을 보이기도 했지만, 호크아이는 점차 선수들과 팬들의 신뢰를 얻으며 널리 활용되고 있다. 오늘날 일부 테니스 대회에서는 아예 라인 심판 없이 전자 판정에만 의존하는 단계에 이르렀다.

축구 판정에도 큰 변화가 일어났다. 국제축구연맹(FIFA)은 반복되는 오심 논란을 줄이기 위해 2010년대 후반부터 비디오보조심판(VAR) 제도를 도입했다. 경기장 곳곳의 고속 카메라 영상이 심판의 판정에 도움을 주면서, 월드컵 무대의 판정 정확도는 한층 높아졌다. 오프사이드나 골라인 통과 여부처럼 육안으로 놓치기 쉬운 상황도 AI 기반 영상 분석이 잡아낸다. VAR의 도움으로 탄생한, 앞서 언급한 월드컵의 극장 같은 장면은 기술이 공정한 결과를 이끌어 낸 긍정적 사례라 할 수 있다. 야구 역시 2024년 한국프로야구(KBO) 리그에 메이저 최상위 프로 리그로서는 세계 최초로 자동 볼 · 스트라이크 판정 시스템(ABS)을 전면 도입하며 새 시대를 열었다. 이제 스트라이크존의 높낮이와 코너를 두고 벌어지던 설전도 AI 심판 앞에서는 무색해지고 있다. 물론 초기에는 "구장마다 스트라이크존이 다르다"는 등 선수들과 코치의 불만도 터져 나왔다. 하지만 기술이 정교해지고 기준이 투명해지면서, 오랫동안 야구를 괴롭혀 온 볼 판정 시비가 서서히 사라질 것이라는 기대가 크다.

AI 심판, 스포츠에 새로운 도전과 과제를 던지다

AI 심판의 등장이 스포츠 현장에 가져온 변화는 단순히 판정 정확도 향상에 그치지 않는다. 정확한 판정 덕분에 팬들은 억울함이나 분노를 느낄 일이 줄어들었다. 경기의 흐름도 변화하고 있다. 예컨대 야구에서는 포수의 프레이밍 기술이나 투수의 노련한 볼 배합이 이전만큼 힘을 쓰지 못하게 됐다. 사람이 눈대중으로 판단하던 시대에는 스트라이크존의 모서리가 애매하게 둥글었지만, AI 심판은 '자로 잰 듯한' 사각형 존을 만들어 낸다. 선수들은 기계가 집행하는 새로운 규칙에 적응해야 하는 도전에 직면했다. 그 과정에서 황재균 선수의 격렬한 항의나 페더러의 불신처럼, 인간과 기계 사이의 문화 충돌이 빚어지기도 한다.

그렇다고 해서 AI가 스포츠 심판의 모든 고민을 단번에 해결해 준 것은 아니다. 아직 기술적 한계와 논쟁거리가 적지 않다. 데이터 편향성 문제는 그중 하나다. AI는 과거 데이터를 학습해 판단을 내리는데, 만약 과거 판정 데이터에 특정 팀이나 선수에 대한 편향이 있었다면, AI

가 그 편향을 답습하거나 심화시킬 수 있다. 또한 스포츠 규칙 중에는 사람의 판단 여지에 따라 달라지는 미묘한 부분들이 존재한다. 농구에서 경미한 파울을 심판이 상황에 따라 흘려보내는 경우처럼, 인간 심판은 때때로 경기의 맥락을 고려해 융통성 있게 판정을 조절한다. 그러나 기계는 이러한 인간적인 감각을 흉내 내기 어렵다. AI 심판이 규칙에 명시되지 않은 새로운 플레이나 예술적인 연기를 어떻게 평가할지에 대한 의문도 남아 있다. 결국 AI와 인간 심판이 어떻게 조화를 이루느냐가 앞으로의 관건일 것이다.

기술과 인간성, 스포츠의 미래를 그리다

기술의 발전 속도를 보면, 머지않아 완전 자동 심판의 시대가 올 것이라는 전망도 있다. 한 축구 데이터 기업의 전문가는 "궁극적으로 20～30년 안에 AI가 심판 자리를 차지할 것"이라고 내다봤다. 실제로 국제체조연맹(FIG)은 2024년 파리 올림픽에서 AI 판정 보조 시스템을 도입하고, 윔블던 테니스 대회도 2025년부터 모든 코트에 전자 라인 판정을 시행하기로 결정했다. 이제 AI는 더 이상 보조 수단이 아니라 스포츠 규칙의 집행자로 부상하고 있다. 다만 스포츠가 인간에게 주는 감동과 예측 불가능성까지 기계가 대신할 수는 없을 것이다. 결국 공정성과 인간미 사이에서 균형을 찾는 일이 중요하다. AI 심판은 인간 심판을 완전히 대체하기보다는, 인간의 한계를 보완하며 함께 발전해 나가는 방향으로 나아가야 할 것이다. 이 책에서는 AI가 스포츠 심판 분야에 가져 온 변화를 다각도로 조명하고, 기술 발전이 스포츠의 미래를 어떻게 바꿀지 독자들과 함께 고민하고자 한다.

책의 구성

이 책은 다음과 같은 10가지 키워드를 중심으로 AI와 스포츠 심판의 만남을 심층적으로 다룬다. 첫째, AI 심판의 개념을 명확히 정의하고 그 필요성을 설명한다. 둘째, 스포츠 심판 기술의 진화 과정을 역사적 맥락에서 살펴본다. 셋째, 축구 비디오판독(VAR) 시스템의 도입 배경, 작동 원리, 그리고 그 영향에 대해 깊이 있게 다룬다. 넷째, 테니스에서 혁신을 가져온 호크아이 시스템의 기술과 변화를 분석한다. 다섯째, 야구의 뜨거운 감자였던 스트라이크존 판정을 해결한 로봇 심판의 사례를 상세히 조명한다. 여섯째, 축구, 테니스, 야구 외 다른 스포츠의 AI 심판 도입 현황을 폭넓게 살펴본다. 일곱째, AI 심판 기술의 원리를 일반 독자도 이해하기 쉽게 설명한다.

여덟째, AI 심판 도입이 경기 운영과 팬 경험에 가져온 변화를 종합적으로 분석한다. 아홉째, AI 심판을 둘러싼 공정성과 윤리적 쟁점들을 심도 있게 논의한다. 마지막으로, AI 심판의 미래와 과제를 전망하며 스포츠의 본질적 가치와 기술의 조화로운 공존 방안을 모색한다. 이 10가지 아이템은 AI 시대를 살아가는 모든 이에게 스포츠 판정의 현재와 미래에 대한 통찰을 제공할 것이다.

01
AI 심판의 개념

AI 기술은 스포츠 심판 분야에 새로운 해법을 제시하며 등장했다. 이제 우리는 'AI 심판이란 무엇인가?'라는 근본적인 질문에 답하며, 전통적인 인간 심판의 역할과 어떻게 다른지, 그리고 왜 이러한 기술이 필요하게 됐는지, 그 개념과 범위를 명확히 이해해야 할 시점에 와 있다. AI 심판은 단순히 인간을 대체하는 기계가 아니라, 스포츠의 공정성을 극대화하고 새로운 차원의 경험을 제공하기 위한 기술적 진보의 결과물이기 때문이다.

기후 위기와 인공지능?

AI 심판의 범위와 정의: 새로운 시대의 요구

스포츠 경기에서 심판은 오랫동안 인간의 고유한 영역으로 여겨져 왔다. 빠른 판단력, 예리한 관찰력, 그리고 경기의 흐름을 읽는 노련함은 인간 심판이 가진 특별한 능력으로 평가 받았다. 그러나 현대 스포츠는 승패가 막대한 경제적 가치와 직결되고, 팬들의 기대 수준이 높아지면서 오심에 대한 용납도가 현저히 낮아졌다. 육안으로 판단하기 어려운 미세한 차이, 빠르게 전개되는 상황 속에서 인간 심판이 저지를 수 있는 실수, 그리고 심판의 주관적 판단에 따른 논란은 스포츠의 공정성과 신뢰도를 위협하는 요인이 됐다. 이러한 배경 속에서 첨단 기술, 특히 AI 기술은 스포츠 심판 분야에 새로운 해법을 제시하며 등장했다.

이제 우리는 'AI 심판이란 무엇인가?'라는 근본적인 질문에 답하며, 전통적인 인간 심판의 역할과 어떻게 다른지, 그리고 왜 이러한 기술이 필요하게 됐는지, 그 개념과 범위를 명확히 이해해야 할 시점에 와 있다. AI 심판은 단순히 인간을 대체하는 기계가 아니라, 스포츠의 공정성을 극대화하고 새로운 차원의 경험을 제공하기 위한 기술적 진보의 결과물이기 때문이다.

AI 심판의 개념적 정의와 필요성: 공정성을 향한 기술의 기여

AI 심판은 AI 기술을 활용해 스포츠 경기의 규칙을 적용하고 판정을 내리는 시스템을 총칭한다. 이는 인간 심판의 인지적, 신체적 한계를 보완하거나 대체함으로써 판정의 정확성과 일관성을 확보하는 것을 궁극적인 목표로 한다. AI 심판은 과거 데이터 학습을 통해 특정 상황에서 최적의 판단을 내리는 알고리즘을 구축하며, 센서 및 영상 분석 기술과 결합해 객관적이고 정량적인 데이터를 기반으로 판정을 수행한다.

인간 심판의 한계 보완의 중요성: 인간 심판은 시각적 정보 처리 능력, 반응 속도, 그리고 순간적인 판단력에 있어서 물리적, 인지적 한계를 가질 수밖에 없다. 예를 들어, 축구에서 공이 골라인을 몇 밀리미터 넘었는지, 야구에서 시속 150km가 넘는 공이 스트라이크존의 미세한 코너를 스쳤는지, 육안으로 정확히 판단하는 것은 거의 불가능에 가깝다. 또한 장시간 경기 운영으로 인한 피로도나 심리적 압박감은 오심의 가능성을 높이는 요인이 된다. AI 심판은 이러한 인간의 한계를 초월해, 고속 카메라와 정밀 센서로 초당 수백 프레임의 정보를 분석하고, 오차 범위를 최소화한 데이터 기반 판정을 제공함으로써 오심의 가능성을 획기적으로 줄이는 데 결정적인 역할을 수행한다.

판정 일관성의 확보와 스포츠 신뢰 증진: 인간 심판마다 스트라이크존의 기준이 다르거나, 유사한 파울 상황에서도 심판에 따라 판정이 달라지는 경우가 과거에는 빈번하게 발생했다. 이러한 판정의 비일관성은 선수들에게 혼란을 주고, 팬들에게는 불공정하다는 인식을 심어 줄 수 있다. AI 심판은 미리 설정된 알고리즘과 객관적인 데이터를 기반으로 모든 상황에 동일한 기준을 적용함으로써, 판정의 일관성을 극대화한다. 이는 선수들이 예측 가능한 환경에서 경기에 임하고, 팬들이 판정에 대한 흔들림 없는 신뢰를 가질 수 있도록 돕는 중요한 요소로 작용한다. 결국 스포츠의 핵심 가치인 공정성을 확립해 스포츠 자체의 신뢰도를 높이고, 더 많은 팬들의 참여를 유도하는 긍정적인 효과를 가져 온다.

경기 운영 효율성 증대와 스포츠 산업 활성화: AI 심판 시스템은 판정 시간을 단축하고, 불필요한 항의나 경기 중단을 줄여 경기 운영의 효율성을 크게 높일 수 있다. 예를 들어, 야구의 ABS(자동 볼·스트라이크 판정 시스템)는 투구와 동시에 판정이 내려져 경기 진행 속도를 현저히 높인다. 이는 팬들의 몰입감을 유지하고, 방송 중계의 효율성을 높이는 등 스포츠 산업 전반에 긍정적인 영향을 미친다. 판정의 신속성과 정확성은 경기의 질을 향상시키고, 이는 곧 스포츠 콘텐츠의 가치 상승으로 이어져 스포츠 산업의 활성화에 기여하게 된다.

AI 심판의 구현 형태: 다양한 종목에 적용되는 기술

AI 심판은 기술의 적용 방식과 역할에 따라 다양한 형태로 구현되며, 각 종목의 특성과 판정 요구 사항에 맞춰 최적화돼 발전하고 있다.

영상 판독 기반 시스템

고속 카메라를 통해 촬영된 영상 데이터를 분석해 판정을 돕거나 직접 내리는 형태로, 가장 보편적으로 활용되는 AI 심판의 구현 형태다.

축구 VAR

경기장 곳곳에 설치된 고속 카메라가 촬영한 영상을 중앙 VAR룸으로 실시간 전송한다. 비디오 판독관(VAR)은 이 영상을 면밀히 분석해 주심의 '명백한 오심'이 의심되는 상황(득점, 페널티킥, 퇴장, 오인에 의한 징계)에 대해 검토를 권고하거나 주심의 요청에 따라 영상을 제공한다. 2022년 카타르 월드컵에서 도입된 반자동 오프사이드 판독 기술은 AI가 선수의 신체 29개 지점과 공의 움직임을 동시에 분석해 오프사이드 여부를 자동으로 감지하고, 이를 3D 그래픽으로 시각화해 주심에게 전달함으로써 판정의 정확성과 신속성을 극대화했다.

테니스 호크아이 시스템

코트 주변 10대 이상의 고속 카메라가 공의 궤적을 3차원으로 추적하고, 정교한 삼각 측량 알고리즘을 이용해 공의 낙하 지점을 3mm 이내의 오차로 정확히 판정한다. 선수들이 심판의 판정에 이의를 제기(챌린지)하면 호크아이 시스템을 이용해 판독이 이루어지며, 이 과정은 대형 스크린을 통해 관중들에게도 공개돼 판정의 투명성을 높인다. 최근에는 전자 라인콜 시스템을 통해 라인 심판 없이 경기를 운영하는 대회도 점차 늘고 있어, 호크아이 기술의 발전이 인간 심판의 역할 재정립을 이끌고 있음을 보여 준다.

센서 기반 판정 시스템

경기 용품이나 경기장에 센서를 부착, 물리적 데이터를

실시간으로 수집하고 분석해 판정을 내리는 형태다. 이는 인간의 오감으로는 감지하기 어려운 미세한 물리적 정보를 포착하는 데 특화돼 있다.

야구 ABS

트래킹 카메라와 정밀 레이더 센서를 활용해 투구의 3차원 궤적을 추적하고, 각 타자의 신체 정보에 맞춰 설정된 개인별 가상 스트라이크존의 통과 여부를 자동으로 판정한다. 이 판정 결과는 실시간으로 주심에게 전달돼 즉각적인 콜이 이뤄진다. 이 시스템은 판정의 일관성을 극대화해 오랜 볼·스트라이크 논란을 해소하는 데 기여하고 있다.

축구 골라인 테크놀로지

공 안에 내장된 관성 측정 장치(IMU) 센서나 골문 주변에 설치된 자기장 센서 등을 이용해 공이 골라인을 완전히 통과했는지를 밀리초 단위로 감지한다. 공이 라인을 통과하는 순간, 심판의 시계에 즉시 신호가 전송돼 득점 여부가 명확하게 판단된다.

태권도 전자 호구 및 헤드기어

선수들이 착용하는 호구와 헤드기어에 압력 센서가 내장돼 있어, 유효 타격 시 발생하는 충격량을 감지해 미리 설정된 기준치 이상의 충격이 가해졌을 때만 득점으로 인정한다. 이는 격투 스포츠의 판정 투명성과 공정성을 획기적으로 높였다.

알고리즘 기반 채점 및 판단 시스템

방대한 과거 데이터와 판례를 학습한 AI 알고리즘이 특정 상황에 대한 판단을 내리거나 채점을 보조하는 형태다. 주로 예술성이나 난이도 평가가 중요한 채점 경기에 활용되며, 인간 심판의 주관성을 보완하는 데 중점을 둔다.

체조 판정 지원 시스템(JSS)

일본 후지쓰가 개발한 시스템으로, 3D 레이저 센서와 고속 카메라로 선수의 연기를 정밀하게 분석한다. AI는 선수의 신체 각 부위의 각도, 자세, 착지 시 흔들림 등을 데이터화해 정량적인 평가를 제공한다. 2024년 파리 올림픽 체조 종목에 시범 도입되는 이 시스템은 인간 심판의 채점을 보조하고, '레오타드 편향'과 같은 주관적 편향을 줄이는 데 크게 기여할 것으로 기대된다.

이처럼 AI 심판은 단순히 한 가지 기술을 의미하는 것이 아니라, AI와 다양한 첨단 기술이 유기적으로 결합돼 스포츠 판정의 공정성과 정확성을 향상시키기 위해 개발된 포괄적인 개념이다. 이러한 시스템들은 인간 심판의 부담을 줄이고, 팬들에게 더욱 신뢰할 수 있는 경기 결과를 제공하며, 스포츠의 미래를 새롭게 만들어 가고 있다.

참고문헌

김주학·조선미(2024). 인공지능 기반 한국프로야구 (KBO) 자동 투구 판정 시스템 (ABS) 의 일관성 분석. 한국체육측정평가학회지, 26(2), 93~103쪽.

오건호(2021). 경기 판정의 공정성이 관람 만족에 미치는 영향, 서울대학교 대학원

임석봉·안영민(2024). AI 와 스포츠, 픽셀스코프의 픽셀캐스트를 중심으로. 미디어 이슈 & 트렌드, (64), 57~67쪽.

조지음·신재휴(2021). VAR 시스템 도입 이후 K 리그 경기요인 변화 분석. 체육과학연구, 32(2), 352~362쪽.

IFAB(n.d.). VAR(Video Assistant Referee) protocol. Retrieved from https://www.theifab.com/laws/latest/video-assistant-referee-var-protocol/

Hawkeye Innovations. About Hawk–Eye.
https://www.hawkeyeinnovations.com/about/

Hughes, M.(2014). The history and future of technology in sports officiating. *International Journal of Sports Science & Coaching, 9*(3), pp.603~614.

02
스포츠 심판 기술의 진화

스포츠 역사 속에서 심판 판정에 도입된 기술의 발전 과정은 단순히 새로운 장비의 등장을 넘어, 스포츠가 추구하는 공정성이라는 가치를 실현하기 위한 끊임없는 노력의 기록이다. 초기 기계 장치의 도입부터 비디오 기술의 확산, 그리고 오늘날 AI의 부상에 이르기까지, 스포츠 심판 기술의 진화는 기술과 스포츠의 상호작용이 어떻게 경기와 문화를 변화시켜 왔는지 보여 주는 흥미로운 여정이다.

노래하는 AI 보컬?

인간의 눈에서 기계의 개입으로: 공정성을 향한 오랜 여정

스포츠 경기는 오랜 역사 동안 인간 심판의 눈과 경험에 전적으로 의존해 왔다. 그들의 예리한 시야와 순간적인 판단력은 경기의 흐름을 통제하고 규칙을 집행하는 데 필수적인 요소였다. 그러나 경기의 규모가 커지고, 승패에 따른 이해관계가 복잡해지면서 인간 심판의 한계는 점차 분명해지기 시작했다. 육안으로 식별하기 어려운 미세한 차이, 빠르고 복잡하게 전개되는 상황 속에서의 오심은 때로는 경기의 결과를 뒤바꾸는 치명적인 변수로 작용했다. 이러한 배경 속에서 스포츠 심판은 인간의 판단을 보완하고, 더 나아가 대체할 수 있는 기술의 필요성을 절감하게 됐다.

스포츠 역사 속에서 심판 판정에 도입된 기술의 발전 과정은 단순히 새로운 장비의 등장을 넘어, 스포츠가 추구하는 공정성이라는 가치를 실현하기 위한 끊임없는 노력의 기록이다. 초기 기계 장치의 도입부터 비디오 기술의 확산, 그리고 오늘날 AI의 부상에 이르기까지, 스포츠 심판 기술의 진화는 기술과 스포츠의 상호작용이 어떻게 경기와 문화를 변화시켜 왔는지 보여 주는 흥미로운 여정이다.

초창기 기계 기술의 도입: 단순한 보조에서 객관성 확보로

스포츠 심판에 기술이 처음 도입된 것은 20세기 초반으로 거슬러 올라간다. 이때의 기술은 주로 인간의 감각을 보조하는 단순한 기계적 장치에 불과했지만, 판정의 객관성을 확보하려는 중요한 시도였다.

전자 채점 장비의 시작과 펜싱

1936년 베를린 올림픽 펜싱 경기에서는 전자 채점 장비가 사용됐다. 이는 선수들의 칼이 유효 부위를 정확히 찔렀을 때 전자 신호를 통해 득점을 알리는 방식으로, 인간 심판이 놓칠 수 있는 미세한 득점 순간을 객관적으로 기록하려는 시도였다. 펜싱과 같이 빠르고 정확한 터치를 요구하는 종목에서 인간의 시각적 판단만으로는 한계가 있었기에, 이러한 기술 도입은 판정 시비를 줄이는 데 기여했다. 이는 복잡한 상황 판단보다는 득점 여부와 같이 명확한 결과를 측정하는 데 초점을 맞춘 초기 기술의 전형적인 모습이었다.

육상 포토 피니시 카메라의 정착

육상 경기에서는 선수들이 동시에 결승선에 도달해 순

위를 가리기 어려운 경우가 많았다. 이러한 문제를 해결하기 위해 1948년 런던 올림픽에서 포토 피니시(Photo Finish) 카메라가 공식적으로 도입됐고, 이후 대부분의 육상 경기에서 표준 판정 방식이 됐다. 포토 피니시 카메라는 결승선을 통과하는 순간의 모습을 고속으로 정밀하게 촬영해, 육안으로 식별하기 어려운 미세한 차이를 정확하게 판독할 수 있게 해 줬다. 1초를 1000분의 1초 단위로 쪼개 기록하는 이 기술은 순위 판정의 정확성을 획기적으로 높였으며, 이후 대부분의 육상 경기에서 표준적인 판정 방식으로 자리 잡았다.

이러한 초기 기술들은 인간 심판의 부담을 줄이고 판정의 객관성을 확보하는 데 중요한 역할을 했으며, 이후 더욱 복잡하고 정교한 기술이 스포츠 판정에 적용될 수 있는 기반을 마련하는 초석이 됐다.

비디오 기술의 확산과 스포츠 판정의 전환점: 리플레이를 넘어선 분석

1980년대에 들어서면서 비디오 기술의 발전은 스포츠 판정에 혁명적인 변화를 가져왔다. 녹화 및 재생 기술의 상용화는 심판이 경기 상황을 다시 확인하고 판정을 재검토할 수 있는 가능성을 열었으며, 이는 단순히 육안 판단에 의존하던 시대의 한계를 넘어섰다.

미국 미식축구(NFL) 비디오 리플레이 판정의 채택

1986년 NFL은 비디오 리플레이(Video Replay) 판정을 공식적으로 채택하며 스포츠 판정 기술 진화의 중요한 전환점을 마련했다. 이 시스템은 경기 중 의심스러운 판정 상황이 발생했을 때 심판이 경기 영상을 다시 돌려보며 정확한 판단을 내릴 수 있도록 돕는 방식이었다. 미식축구의 복잡한 플레이와 빠른 경기 전개 속에서 인간 심판의 실수는 치명적일 수 있었기에, 비디오 리플레이는 오심을 줄이고 공정성을 높이는 데 크게 기여하면서 점차 다른 종목으로 확산되기 시작했다. 초기에는 경기 흐름을 방해한다는 비판도 있었으나, 판정의 신뢰성 확보라는 이점이 더 크게 작용했다.

테니스 호크아이 시스템의 혁신

2000년대 들어 특정 상황에 대한 정밀한 판정을 위한 기술들이 등장하기 시작했다. 2004년 US오픈 여자 단식 8강전에서 세레나 윌리엄스의 오심 논란은 테니스 판정 시스템에 대한 근본적인 의문을 제기했다. 이를 계기로

2006년 테니스에 도입된 호크아이(Hawk-Eye) 시스템은 단순히 비디오를 돌려보는 것을 넘어, 코트 주변에 설치된 여러 대의 고속 카메라가 공의 궤적을 3차원으로 추적하여 인 · 아웃 여부를 판단하는 첨단 기술이었다. 호크아이는 데이터 분석을 통해 오차 범위를 최소화하고, 선수들에게 판정 이의를 제기할 수 있는 '챌린지' 기회를 부여함으로써 판정의 공정성을 획기적으로 높였다.

축구 골라인 테크놀로지의 도입

축구는 전 세계적인 인기만큼이나 골 여부를 두고 벌어지는 판정 논란이 끊이지 않는 종목이었다. 2010년 남아공 월드컵에서 잉글랜드 램퍼드의 슛이 골라인을 넘어섰음에도 골로 인정되지 않은 오심 사건은 축구계에 큰 충격을 줬고, 골라인 테크놀로지(Goal-line Technology) 도입의 필요성을 강력하게 환기시켰다. 2014년 브라질 월드컵부터 공식 도입된 이 기술은 공 안에 내장된 센서나 골문 주변의 자기장 센서 등을 이용해 공이 골라인을 완전히 통과했는지를 감지하고, 즉시 심판의 시계에 신호를 보내 오심의 여지를 없앴다. 이는 축구 판정의 투명성을 높이는 데 결정적인 역할을 했다.

AI의 부상과 스포츠 심판의 미래: 자동화와 정교함의 시대

2010년대 중반 이후 AI 기술의 비약적인 발전은 스포츠 심판 분야에 또 한 번의 혁명적인 변화를 가져왔다. 기존의 비디오 리플레이나 센서 기반 기술이 특정 상황에 대한 정보를 제공하는 수준이었다면, AI는 방대한 데이터를 학습하고 패턴을 인식해 스스로 판단을 내리거나 인간 심판의 판단을 보조하는 수준으로 진화했다.

축구 VAR의 AI 기반 진화

축구의 VAR(Video Assistant Referee)은 AI 기반 영상 분석 기술이 접목돼 오프사이드, 페널티킥, 레드카드 등 주요 판정 상황에서 심판에게 더 정확한 정보를 제공하게 됐다. 특히 2022년 카타르 월드컵에서 도입된 반자동 오프사이드 판독 기술은 AI가 선수의 움직임과 공의 위치를 실시간으로 분석해 오프사이드 여부를 자동으로 감지하고, 심판에게 시각적 정보까지 제공하는 단계에 이르렀다. 이는 육안으로는 판단하기 어려운 미세한 오프사이드까지 정확하게 잡아내며 판정의 신속성과 정확성을 동시에 높였다. AI의 개입으로 오프사이드 판정 시간은 획기적으로 단축됐으며, 논란의 여지가 줄어들었다.

야구 로봇 심판의 전면 도입

야구의 볼 · 스트라이크 판정은 오랫동안 심판의 주관이 개입될 여지가 많은 영역이었다. 그러나 2023년 한국프로야구(KBO) 리그에 세계 최초로 도입된 자동 볼 · 스트라이크 판정 시스템(ABS), 일명 로봇 심판은 이러한 문제를 해결하기 위해 등장했다. 트래킹 카메라로 공의 궤적을 추적하고, AI가 설정한 가상 스트라이크존을 통과했는지를 자동으로 판단해 주심에게 전달한다. 이는 판정의 일관성을 극대화하고 오심 논란을 원천적으로 차단하는 것을 목표로 하며, 인간 심판의 주관이 배제된 객관적인 판정의 시대를 열었다.

스포츠 전반의 AI 적용 확산

이 외에도 농구의 파울 자동 감지 시스템 연구, 태권도의 전자 호구 및 헤드기어, 배구의 영상 판독 챌린지, 육상의 AI 기반 부정 출발 감지 시스템 등 AI 기술은 스포츠 전반으로 확산되며 판정의 정확성과 신뢰도를 높이고 있다.

이처럼 스포츠 심판 기술은 단순한 보조 도구를 넘어, AI의 학습 및 분석 능력을 활용해 판정의 정확성과 공정성을 한층 더 높은 수준으로 끌어올리고 있다. 이는 스포츠가 단순한 경기를 넘어 기술과 인간의 상호작용이 복합적으로 이뤄지는 현대적 양상을 반영하며, 미래 스포츠의 모습을 끊임없이 변화시키고 있다. 기술의 진화는 스포츠의 본질적인 재미와 가치를 더욱 빛나게 하는 중요한 요소로 작용하고 있다.

참고문헌

고대선(2024). 스포츠경기 인공지능(AI: Artificial Intelligence) 심판 적용의 수용요인 분석: 통합기술수용모형(UTAUT)을 이용한 신뢰의 조절효과. 한국체육학회지, 63(3), 11~23쪽.

한현석·김연(2022). 배구선수 무릎 부상 예방을 위한 AI(인공지능) 적용에 대한 소고. 한국스포츠학회, 20(4), 925~934쪽.

KBO(2023). "KBO, 자동 볼·스트라이크 판정 시스템(ABS) 운영 상세 내용 발표". https://www.tsnkoreanews.com/news/article.html?no=25106

FIFA. Goal-Line Technology. https://www.fifa.com/technical/football-technology/goal-line-technology

Hughes, M.(2014). The history and future of technology in sports officiating. *International Journal of Sports Science & Coaching,* 9(3), pp.603~614.

Lee, J. Y.(2017). The evolution of instant replay in sports. *Journal of Sports Technology, 16*(2), pp.77~85.

Sony. Hawk-Eye Innovations: Precision and Innovation in Sports

Officiating.
https://www.hawkeyeinnovations.com/news/4211958/the-future-of-data-tracking-in-sport

03
축구 비디오 판독

2010년 남아공 월드컵 잉글랜드와 독일의 16강전에서 잉글랜드 프랭크 램퍼드의 슛이 골라인을 넘어섰음에도 골로 인정되지 않은 명백한 오심은 전 세계 축구 팬들에게 큰 충격을 줬다. 이 사건은 기술 도입의 필요성을 강력하게 환기시키는 결정적인 계기가 됐다. 이러한 배경 속에서 국제축구연맹(FIFA)은 판정의 정확성과 공정성을 획기적으로 높이기 위해 비디오보조심판(VAR) 시스템의 도입을 추진하기 시작했다. 과연 VAR는 축구 오심 논란의 종식을 가져와 스포츠의 진정한 공정성을 실현할 수 있을까?

인공지능과 편향?

오심 논란의 종식인가: VAR의 등장 배경과 필요성

축구는 전 세계적으로 가장 인기 있는 스포츠인 만큼, 판정 논란이 발생하면 그 파급력 또한 막대하다. 넓은 필드에서 22명의 선수가 빠르게 움직이는 특성상, 심판의 육안으로 모든 상황을 완벽하게 판단하기는 불가능에 가까웠다. 오프사이드, 페널티킥, 골 여부, 파울 유무 등 승패에 결정적인 영향을 미치는 판정은 늘 논쟁의 대상이었고, 이는 때로는 경기의 결과를 뒤바꾸는 치명적인 변수로 이어지곤 했다.

2010년 남아공 월드컵 잉글랜드와 독일의 16강전에서 잉글랜드 프랭크 램퍼드의 슛이 골라인을 넘어섰음에도 골로 인정되지 않은 명백한 오심은 전 세계 축구 팬들에게 큰 충격을 줬다. 이 사건은 '오심도 경기의 일부'라는 체념적인 인식을 불식시키고, 기술 도입의 필요성을 강력하게 환기시키는 결정적인 계기가 됐다. 이러한 배경 속에서 FIFA는 판정의 정확성과 공정성을 획기적으로 높이기 위해 VAR 시스템의 도입을 추진하기 시작했다. 과연 VAR는 축구 오심 논란의 종식을 가져와 스포츠의 진정한 공정성을 실현할 수 있을까?

VAR의 도입 과정과 기술적 작동 원리

축구계의 오랜 숙원이었던 판정 정확성 향상을 위해 FIFA는 2016년부터 VAR 시스템을 시험 운영하기 시작했으며, 2018년 러시아 월드컵에서 공식 도입하며 축구 역사의 중요한 이정표를 세웠다.

VAR 시스템의 기본 작동 방식

VAR는 경기장 곳곳에 설치된 고속 카메라에서 촬영된 다양한 각도의 영상을 실시간으로 중앙 VAR룸으로 전송하는 방식으로 작동한다. VAR룸에는 비디오 판독관(VAR)과 보조 비디오 판독관(AVAR)이 배치돼 경기를 면밀히 모니터링한다. VAR는 경기의 흐름을 불필요하게 방해하지 않기 위해 모든 상황에 개입하는 것이 아니라, 승패에 결정적인 영향을 미치는 '명백한 오심(Clear and Obvious Error)' 또는 '심각한 누락 사건(Serious Missed Incident)'에 한정해 개입할 수 있다. 이는 크게 네 가지 상황으로 분류된다. 바로 득점 상황(골 여부 및 과정에서의 파울), 페널티킥 판정, 퇴장(레드카드) 판정, 그리고 오인에 의한 징계(잘못된 선수에게 카드 부여).

검토 과정

의심스러운 상황이 발생하면, VAR는 주심에게 무선 통신을 통해 해당 상황을 검토할 것을 권고하거나, 주심이 직접 VAR 검토를 요청한다. 주심은 경기장 옆에 마련된 '온 필드 리뷰(On-Field Review)' 구역으로 이동해 직접 여러 각도의 슬로 모션 영상을 다시 확인한 후 최종 판정을 내린다. 이 과정에서 주심은 육안으로 놓쳤거나 잘못 판단했던 부분을 명확히 확인할 수 있으며, 필요에 따라 다양한 속도로 영상을 재생하거나 확대해 세부 사항을 파악한다.

반자동 오프사이드 판독 기술의 첨단화

2022년 카타르 월드컵에서는 VAR 시스템이 한 단계 더 진화한 반자동 오프사이드 판독 기술(Semi-automated Offside Technology)이 도입돼 오프사이드 판정의 정확성과 신속성을 극대화했다.

AI 기반 정밀 트래킹

경기장에 설치된 12개의 트래킹 카메라는 공과 선수들의 움직임을 초당 50회 추적하며 방대한 데이터를 수집한다. AI는 이 데이터를 기반으로 선수들의 신체 부위 중

오프사이드 규칙에 영향을 미치는 29개 지점(예: 발, 무릎, 어깨, 팔꿈치 등)의 정확한 위치를 파악한다. AI는 선수들의 움직임을 실시간으로 분석해 오프사이드 라인과의 관계를 정밀하게 계산한다.

공 센서의 활용

월드컵 공인구(알 릴라) 안에는 관성 측정 장치(IMU) 센서가 내장돼 있어 공의 움직임을 초당 500회 전송한다. 이 센서는 킥 오프 순간을 밀리초(millisecond) 단위로 정확히 포착해, AI가 오프사이드 여부를 판단하는 데 결정적인 기준을 제공한다. 공이 선수 발을 떠나는 정확한 시점을 아는 것은 오프사이드 판정의 핵심 요소이기 때문이다.

3D 시각화와 투명성

AI가 오프사이드 여부를 자동으로 감지하면, 3D 애니메이션 형태로 시각화된 정보가 VAR룸과 경기장 대형 스크린에 제공된다. 이 시각화 자료는 선수와 팬들에게 판정 과정을 더욱 투명하게 보여 주며, 오심 논란을 줄이는 데 크게 기여한다.

VAR 도입의 긍정적 효과와 지속되는 논쟁

VAR 도입은 축구 판정의 정확도를 크게 향상시켰다는 긍정적인 평가를 받는다. 2018년 러시아 월드컵에서 VAR가 최초로 사용된 이후, 페널티킥 판정, 오프사이드 골 취소 등 주요 장면에서 VAR가 활용돼 논란을 줄이고 공정한 결과를 이끌어 낸 사례가 다수 보고됐다. 이는 경기 결과의 신뢰도를 높이고, 스포츠의 핵심 가치인 공정성을 지키는 데 크게 기여했다. 그러나 VAR 도입이 모든 문제를 해결한 것은 아니며, 여러 논쟁점을 낳기도 했다.

경기 흐름 단절 및 시간 소요 논란

VAR 판정을 위해 경기가 중단되는 시간이 발생해 경기의 몰입감과 흐름이 깨진다는 비판이 꾸준히 제기된다. 특히 득점 후 세리머니를 하다가 VAR 확인 후 골이 취소되는 상황은 팬들에게 아쉬움을 주며, 경기의 감정적 경험을 저해한다는 지적도 있다. 이러한 문제점은 판독 시간 단축을 위한 기술적, 제도적 개선 노력을 요구하며, FIFA는 이를 위해 반자동 오프사이드 기술 등을 지속적으로 개발하고 있다. 하지만 여전히 중대한 판정에는 시간이 소요될 수밖에 없다.

주관성 논란의 잔존

VAR는 '명백한 오심'을 대상으로 하지만, '명백함'의 기준 자체가 여전히 주관적 해석의 여지를 남긴다. 특히 핸드볼 파울이나 파울성 플레이에 대한 판정은 여전히 심판의 주관이 크게 작용해 논란이 끊이지 않는다. VAR가 제공하는 영상을 심판이 어떻게 해석하고 적용하느냐에 따라 최종 판정이 달라질 수 있기 때문에, 기술 도입 이후에도 판단의 주관성 문제는 완전히 해소되지 않고 있다. 이는 축구 규칙 자체가 모든 상황을 명확하게 정의하지 못하고 심판의 재량권을 일부 인정하고 있기 때문이기도 하다.

기술 의존도 심화 및 판정 책임의 불분명함

VAR 도입으로 인간 심판의 현장 판단 능력이 약화될 수 있다는 우려도 제기된다. 심판들이 스스로 판단하기보다 VAR에 의존하는 경향이 생길 수 있다는 것이다. 또한 기술 오작동 시 발생할 수 있는 문제에 대한 대비책 마련과 더불어, 잘못된 판정이 발생했을 때 기술 시스템의 책임인가, 이를 운영하는 인간 심판이나 VAR룸 관계자의 책임인가 하는 책임 소재의 불분명함도 논쟁 지점이다. 이러한 책임의 불분명함은 새로운 형태의 분쟁을 야기할 수 있으며, 스포츠 단체나 리그의 신뢰도에도 영향을 미칠 수 있다.

결론적으로 VAR는 축구 판정에 혁신을 가져왔지만, 기술의 한계와 인간의 개입 여지에 대한 지속적인 논의를 통해 더 나은 방향으로 발전해 나가야 할 과제를 안고 있다. VAR는 축구 경기를 더욱 공정하게 만들었지만, 동시에 새로운 형태의 논쟁과 도전을 제시하고 있다. 기술과 인간의 조화로운 협력을 통해 축구는 더욱 발전된 미래를 맞이할 것이다.

참고문헌

김용만(2021). 프로축구 VAR 공정성과 신뢰, 시청 몰입 및 시청 만족과의 구조적 관계. 한국체육과학회지, 30(6), 453~470쪽.

서동진 외(2024). VAR 시스템의 명과 암: K-League 심판들의 인식을 중심으로. 한국체육학회지, 63(1), 1~13쪽.

FIFA. VAR. https://inside.fifa.com/innovation/standards/video-assistant-referee/video-assistant-referee-technology

Kilinçarslan, G.(2023). Technological advances in football. The use of developing technology in sports, pp.97~123.

Park, S. H.(2019). The Impact of VAR on Football Referees' Decision-Making and Match Outcomes. *Journal of Sport and Leisure Studies, 78*, pp.45~56.

Mitu, I. J., et al.(2022). Football offside tracking (Doctoral dissertation, Brac University).

Viswanathan, S., et al.(2023, April). Spectators of AI: football fans vs. The semi-automated offside technology at the 2022 FIFA world cup. In Extended Abstracts of the 2023 CHI Conference on Human Factors in Computing Systems (pp. 1~6).

04
테니스 호크아이 시스템

호크아이는 테니스 판정 기술의 혁신을 가져왔을 뿐만 아니라, 스포츠 판정 기술이 어떻게 경기의 필수적인 일부가 됐는지 보여주는 대표적인 사례가 됐다.

청각장애인과 AI?

오심 논란을 넘어선 기술적 해법: 테니스 판정의 혁신

테니스는 공의 낙하 지점 1~2센티미터 차이로 득점 여부가 갈리는 극도로 정교한 스포츠다. 코트 라인 안팎을 판정하는 라인 심판의 육안 판단은 경기 결과에 지대한 영향을 미쳤고, 그들의 판단은 종종 논란의 중심에 서곤 했다. 특히 2004년 US오픈 여자 단식 8강전에서 세레나 윌리엄스와 제니퍼 카프리아티의 경기에서 발생한 일련의 오심은 테니스계에 큰 파장을 불러일으켰다. 당시 세레나의 명백한 인(In) 볼이 아웃(Out)으로 판정되는 등, 인간 심판의 실수가 경기의 흐름을 뒤바꾸는 결정적인 요인으로 작용하며 스포츠의 공정성에 대한 근본적인 의문을 제기하게 만들었다. 이 사건은 단순히 한 경기의 논란을 넘어, 테니스 판정 시스템 전반에 대한 신뢰 위기로 이어졌다. 이러한 배경 속에서 국제 테니스 연맹(ITF)과 ATP, WTA 투어는 인간 심판의 한계를 보완하고 오심 논란을 불식시킬 수 있는 첨단 기술의 필요성을 절감하게 됐다. 그 결과물이 바로 호크아이(Hawk-Eye) 시스템이다. 호크아이는 테니스 판정 기술의 혁신을 가져왔을 뿐만 아니라, 스포츠 판정 기술이 어떻게 경기의 필수적인 일부가 됐는지 보여 주는 대표적인 사례가 됐다.

호크아이의 기술 원리와 공정성 구현: 정밀한 추적과 투명한 판정

호크아이 시스템은 2006년 남자 프로 테니스 투어에 공식 도입됐으며, 이후 US오픈 등 주요 대회를 중심으로 빠르게 확산돼 오늘날 대부분의 프로 테니스 경기에서 필수적인 요소로 자리 잡았다.

정밀한 트래킹과 삼각 측량의 과학

호크아이는 코트 주변에 설치된 10대 이상의 고속 카메라가 공의 움직임을 초당 수백 프레임으로 실시간 촬영하며 추적하는 방식으로 작동한다. 각 카메라에서 얻어진 2차원 영상 데이터는 중앙 컴퓨터 시스템으로 전송되며, 이 컴퓨터는 정교한 삼각 측량(Triangulation) 알고리즘을 사용해 공의 3차원 궤적을 정확하게 계산하고 코트 내 낙하 지점을 예측한다. 삼각 측량은 여러 지점에서 얻은 데이터를 종합해 대상의 정확한 위치를 파악하는 기하학적 원리다. 호크아이의 판정 오차 범위는 약 3mm에 불과한데, 이는 인간 라인 심판의 평균 오차 범위(30~40mm)에 비해 약 10배 이상 월등히 높은 정확도를 자랑하며, 이는 오심의 가능성을 극히 낮추는 핵심적인 기술적 기반이 된다.

선수 챌린지 시스템과 판정의 투명성

호크아이는 선수들에게 판정에 대한 이의를 제기할 수 있는 챌린지(Challenge) 기회를 제공한다. 선수가 챌린지를 요청하면 대형 스크린을 통해 호크아이 시스템이 분석한 공의 궤적과 최종 낙하 지점이 시각적으로 시연된다. 이 과정은 관중들에게도 판정의 투명성을 보여 주며 새로운 볼거리와 긴장감을 제공한다. 만약 호크아이 판정 결과 선수의 챌린지가 성공하면 해당 포인트는 다시 진행되거나 선수가 득점하며, 실패하면 챌린지 기회가 차감된다. 이 시스템은 판정의 공정성을 높이는 동시에, 선수들에게 경기에 대한 통제감을 부여하고 팬들의 몰입도를 증진시키는 긍정적인 효과를 가져왔다.

전자 라인콜의 확산과 심판 역할의 변화

호크아이 시스템의 높은 정확도와 신뢰성이 입증되면서, 최근에는 일부 테니스 대회에서 라인 심판 없이 전자 라인콜(Electronic Line Calling) 기술에만 의존해 경기를 운영하는 추세도 나타나고 있다. 윔블던은 2025년 대회부터 전 코트에 전자 라인콜을 전면 시행하며, 챌린지 제도는 운영하지 않는다. 이는 호크아이가 단순한 보조 수단을 넘어 스포츠 판정의 핵심으로 자리매김하고 있음을 보여 준다. 이에 따라 테니스 심판의 역할은 공의 인·아웃 판정보다는, 경기의 전반적인 운영, 선수들의 행동 통제, 그리고 기술 시스템의 관리 및 문제 해결 등으로 재편되고 있다.

호크아이 도입의 영향과 지속되는 논쟁

호크아이 도입은 테니스 경기에 여러 긍정적인 변화를 가져왔다.

판정 정확도 및 신뢰도 향상

호크아이는 오심을 현저히 줄여 경기의 공정성을 높였으며, 이는 선수와 팬들의 판정에 대한 신뢰를 두텁게 했다. 불필요한 논쟁과 항의가 줄어들어 선수들이 경기의 본질에 집중할 수 있는 환경이 조성됐다.

선수 및 팬 경험의 질적 향상

선수들은 판정 시비로 인한 심리적 부담을 덜고 경기에 더욱 집중할 수 있게 됐다. 팬들 역시 대형 스크린을 통한 투명한 판정 시연을 보며 경기에 대한 몰입도를 높이고, 챌린지의 성공 여부에 따라 새로운 긴장감과 재미를 느낄 수 있게 됐다.

경기 진행의 효율성 증대

인간 라인 심판의 육안 판독 시간을 줄이고, 판정 시비를 줄임으로써 전반적인 경기 진행의 효율성을 높이는 데 기여했다. 경기의 중단 없이 빠르고 정확한 판정이 이뤄지면서 관전의 재미도 더해졌다.

그러나 호크아이 시스템이 100% 완벽하다고 보기는 어렵다는 논쟁도 존재했다.

미세한 오차 논란과 인간적 감각의 가치

'테니스 황제' 로저 페더러는 호크아이의 오차 범위(약 3mm)를 지적하며 "완벽하게 정확하지 않다"고 의문을 제기하기도 했다. 그는 아무리 정밀한 기술이라도 미세한 오차가 존재할 수 있으며, 이 작은 오차가 승패에 영향을 미칠 수 있다는 점을 시사했다. 또한, 인간 심판의 경험과 직관이 특정 상황에서 미세한 오차를 보정하거나, 공의 궤적을 예측하는 데 있어 더 뛰어날 수 있다는 주장도 제기됐다. 이러한 주장은 기술의 한계와 함께 인간적인 감각의 가치를 다시 한번 생각하게 한다.

스포츠의 인간적인 요소 상실

일부에서는 호크아이 도입으로 인해 스포츠 특유의 인간적인 요소가 줄어든다는 비판도 제기된다. 심판의 권위와 선수와의 미묘한 소통, 그리고 오심조차도 경기의 드라마 일부로 받아들이던 과거의 감성이 사라지고 기계적인 정확성만이 강조된다는 지적이다. 판정에 얽힌 인간적인 이야깃거리나 불확실성에서 오는 긴장감이 줄어들 수 있다는 우려도 존재한다.

이러한 논쟁에도 불구하고, 호크아이는 테니스 판정의 새로운 기준을 제시하며 스포츠 기술 혁신의 선두 주자로 자리매김했다. 인간 심판의 한계를 보완하고 공정성을 높이는 데 크게 기여한 호크아이는 미래 스포츠 판정 기술 발전의 중요한 참고 모델이 되고 있으며, 기술과 스포츠의 조화로운 공존 방식을 계속해서 탐색하고 있다.

참고문헌

김지영·정영수(2019). 심판 없는 경기장에 관한 스포츠 윤리적 고찰. 움직임의 철학: 한국체육철학회지, 27(1), 41~49쪽.

테니스코리아(2023). 전통의 윔블던, '전자 라인콜' 도입 시사. https://www.tennis.co.kr/news/articleView.html?idxno=34

691
BBC(2013). Hawk–Eye: From concept to game changer. https://www.bbc.com/news/uk-22106087

Chen, Y., et al.(2021, August). Monocular Visual Analysis for Electronic Line Calling of Tennis Games. In International Conference on Image and Graphics (pp. 528~538). Cham: Springer International Publishing.

Collins, H., & Evans, R.(2012). Sport–decision aids and the "CSI–effect": Why cricket uses Hawk–Eye well and tennis uses it badly. *Public Understanding of Science, 21*(8), pp.904~921.

Hawkeye Innovations. Sports – Tennis. https://www.hawkeyeinnovations.com/news/4243365/skeletrack-a-new-era-of-data-in-tennis

Radio Times(2023). Why are there no Hawk–Eye challenges at Wimbledon in 2025? https://www.radiotimes.com/tv/sport/tennis/wimbledon-hawk-eye/

SBJ(2024). All England Lawn Tennis Club, Hawk–Eye agree to multiyear extension.

05
야구 로봇 심판과 스트라이크 존

중요한 승부처에서 나온 애매한 볼 · 스트라이크 판정이 경기 결과에 직접적인 영향을 미치며 팬들의 불만을 폭발시키는 계기가 되기도 했다. 이러한 판정의 일관성 및 공정성 문제를 해결하기 위해, 야구계는 첨단 기술 도입의 필요성을 절감하게 됐고, 그 결과물이 바로 자동 볼 · 스트라이크 판정 시스템(ABS), 일명 로봇 심판이다.

AI 콘텐츠 크리에이터?

야구 스트라이크존 판정의 오랜 논란: 인간 심판의 한계와 요구

야구에서 투수가 던진 공이 스트라이크존을 통과했는지를 판단하는 것은 경기 흐름과 결과에 결정적인 영향을 미치는 가장 중요한 심판의 역할 중 하나다. 하지만 이 볼·스트라이크 판정은 야구의 오랜 역사 속에서 끊이지 않는 논쟁의 대상이었다. 시속 150km를 넘나드는 빠른 투구, 커브나 슬라이더처럼 변화하는 공의 궤적, 그리고 타자의 키와 타석에서의 자세에 따라 미세하게 달라지는 스트라이크존의 높이 등은 인간 심판이 모든 투구를 완벽하게 판단하기 어려운 복잡성을 내포한다. 더욱이 포수의 미트질(프레이밍)과 투수의 노련한 볼 배합은 심판의 시각적 판단을 흔들 수 있는 요소로 작용하기도 했다. 결국 '심판마다 스트라이크존이 다르다'는 인식이 야구팬들 사이에서 공공연한 사실로 받아들여졌고, 때로는 중요한 승부처에서 나온 애매한 볼·스트라이크 판정이 경기 결과에 직접적인 영향을 미치며 팬들의 불만을 폭발시키는 계기가 되기도 했다. 이러한 판정의 일관성 및 공정성 문제를 해결하기 위해, 야구계는 첨단 기술 도입의 필요성을 절감하게 됐고, 그 결과물이 바로 자동 볼·스트라이크 판정 시스템(Automatic Ball-Strike

System, ABS), 일명 로봇 심판이다.

KBO 리그 ABS의 도입과 기술 원리: 공정성의 새로운 기준

한국프로야구(KBO) 리그는 2024년 세계 최초로 1군 리그에 ABS를 공식 도입하며 야구 심판의 새 시대를 열었다. KBO는 2020년부터 퓨처스리그(2군 리그)에서 ABS를 시범 운영하며 시스템의 안정성과 정확도를 면밀히 검증해 왔다.

ABS의 정교한 기술적 원리

ABS는 경기장에 설치된 트래킹 카메라와 레이더 센서를 활용해 투구의 3차원 궤적을 실시간으로 추적하고 분석하는 방식으로 작동한다. 시스템은 다음과 같은 단계를 거쳐 판정을 내린다.

개인별 맞춤형 스트라이크존 설정

KBO ABS는 모든 타자에게 동일한 고정된 스트라이크존을 적용하는 대신, 선수 등록 시 입력된 신체 정보(키)를 기반으로 각 타자에게 맞는 개인별 맞춤형 스트라이크존을 설정한다. 스트라이크존의 상단은 타자 어깨와

유니폼 벨트 중간 지점, 하단은 무릎 아래 지점으로 설정되며, 좌우는 홈 플레이트 양 끝을 기준으로 한다. 이는 타자마다 다른 신체 조건에 따른 스트라이크존의 형평성을 고려한 방식이며, 인간 심판이 주관적으로 판단하기 어려웠던 부분을 기술적으로 해결한 것이다.

공의 궤적 추적 및 자동 판단

투수가 공을 던지면 트래킹 카메라와 레이더 센서가 공의 궤적을 밀리초 단위로 정밀하게 추적하고, AI는 이 궤적이 미리 설정된 타자의 스트라이크존을 통과하는지를 실시간으로 분석해 자동 판단한다. 만약 공이 스트라이크존을 통과하면 자동으로 스트라이크로 판정하고, 통과하지 못하면 볼로 판정한다.

주심에게 실시간 전달

ABS가 내린 판정 결과(스트라이크 또는 볼)는 거의 동시에 이어폰을 통해 주심에게 음성으로 전달된다. 주심은 이 판정 결과를 받아서 선수들에게 직접 콜(콜 아웃)하며 경기를 진행한다. 이 과정은 인간 심판의 반응 속도와 판단 착오를 최소화하며 경기의 연속성을 유지한다.

ABS 도입의 핵심 기대 효과

ABS 도입으로 가장 크게 기대된 효과는 판정의 일관성 및 공정성 확보다. 인간 심판의 주관이 개입될 여지가 사라지면서, 어떤 투수가 던지든, 어떤 포수가 받든, 어떤 구장에서든 동일한 스트라이크존 기준이 적용된다. 이는 선수들에게 예측 가능한 플레이 환경을 제공해 불필요한 논란 없이 오직 기량으로 승부할 수 있도록 돕는다. 또한 팬들에게는 오심 논란 없는 경기를 선사해 스포츠의 신뢰도를 높인다. 아울러 판정 시간이 단축돼 경기 진행이 빨라지는 부수적인 효과도 기대됐다. 더 이상 심판의 콜을 기다리며 경기가 지연되는 상황이 줄어들어 팬들의 몰입감을 높이는 데 기여한다.

로봇 심판 도입의 파장과 남은 과제: 기술과 야구 문화의 충돌

ABS 도입은 KBO 리그에 큰 파장을 불러왔으며, 야구의 여러 측면에 변화를 가져왔다. 기술적 진보가 야구의 전통적인 문화와 만났을 때 발생하는 충돌과 적응 과정을 여실히 보여 준다.

현장의 혼란과 선수·코치진의 적응 문제

도입 초기에는 선수들과 코칭스태프 사이에서 혼란과 불만이 터져 나오기도 했다. 일부 구장에서는 시스템 오차로 인해 스트라이크존 설정이 미세하게 다르다는 지적이 있었고, 인간 심판의 육안 판단과 로봇 심판의 기계적 판단 사이의 괴리감에 선수들이 적응하는 데 어려움을 겪었다. 특히 황재균 선수처럼 격렬하게 항의하는 에피소드들은 로봇 심판이 가져온 문화적 충돌의 단면을 생생하게 보여 줬다. 선수들은 익숙한 인간 심판의 '원형'에 가까운 스트라이크존 대신, ABS가 적용하는 '자로 잰 듯한' 사각형 존에 맞춰 타격 및 투구 전략을 수정해야 하는 도전에 직면했다.

로봇 심판 도입은 야구의 전통적인 전략과 플레이 스타일에도 깊은 영향을 미쳤다.

포수의 프레이밍 기술 무용화

인간 심판 시대에는 포수가 투수의 공을 교묘하게 잡아 스트라이크존을 벗어난 공도 스트라이크처럼 보이게 하는 프레이밍(Framing) 기술이 중요했다. 포수의 프레이밍 능력은 투수에게 유리한 판정을 유도해 경기에 큰 영향을 미쳤으나, ABS가 도입되면서 공의 궤적만을 기준으로 판정하기 때문에 포수의 프레이밍 기술은 더 이상 유효하지 않게 됐다. 포수들은 이제 오직 공을 안정적으로 포구하는 데 집중해야 하며, 이는 포수의 역할 변화와 포수 본연의 기술 향상에 기여하게 된다.

투수-타자의 심리전 변화

과거에는 투수가 스트라이크존 경계에 걸치는 유인구를 던지거나, 포수가 심판의 성향을 파악해 볼 배합을 조절하는 등 심판의 주관을 활용한 심리전이 존재했다. 로봇 심판은 이러한 심리전의 여지를 줄이고, 오직 공의 궤적과 스트라이크존 통과 여부만을 기준으로 판단하기 때문에, 투수와 타자는 더욱 정확한 투구와 타격에 집중해야 하는 환경에 놓이게 됐다.

ABS는 볼 · 스트라이크 판정의 정확성을 획기적으로 높였지만, 여전히 인간 심판의 판단이 필요한 영역은 남아 있다.

체크 스윙 판정

타자가 스윙을 하다 멈추는 체크 스윙(Check Swing) 판정은 여전히 주심의 육안 판단에 의존하는 복잡한 영역이다. 배트가 스트라이크존을 벗어났는지, 스윙 동작이 완료됐는지 등의 미묘한 판단은 기계가 대체하기 어려운 부분으로 남아 있으며, 이에 대한 AI의 판단 기준을 개발하는 것이 과제다.

주루 방해, 태그 아웃 등 복합 판정

주루 방해, 태그 아웃, 포스 아웃 여부 등 선수들의 복합적인 움직임과 규칙 해석이 필요한 상황은 여전히 인간 심판의 판단이 필수적이다. 이러한 상황은 단순히 공의 궤적을 넘어선 다각적인 상황 인식을 요구하기 때문이다.

미국 메이저리그에서도 마이너리그를 중심으로 로봇 심판 실험이 진행 중이며, 일본 프로야구 또한 도입을 검토하는 등 전 세계 야구는 AI 심판 시스템을 향한 변화의 흐름에 동참하고 있다. 로봇 심판은 야구의 공정성 논란을 해소하는 데 중요한 역할을 하고 있지만, 인간 심판과의 조화로운 공존 방식과 남은 과제들을 해결해 나가는 노력이 지속적으로 필요하다. 기술과 전통이 조화롭게 발전하는 것이 미래 야구의 방향이 될 것이다.

참고문헌

김주학·조선미(2024). 인공지능 기반 한국프로야구 (KBO) 자동 투구 판정 시스템 (ABS)의 일관성 분석. 한국체육측정평가학회지, 26(2), 93~103쪽.

머니투데이(2024.4.27). "황재균 격분, KBO 최초 로봇 심판에 항의해 퇴장이라니".
https://news.mt.co.kr/mtview.php?no=2024042708442035057

박형길·정영재(2021). 야구 로봇 심판 도입에 따른 미래 스포츠 변화에 관한 연구. 한국엔터테인먼트산업학회논문지, 15(6), 93~103쪽.

스포츠한국(2025.04.29) 고교 야구, 첨단 기술로 '스트라이크 존' 혁신… 황금사자기부터 ABS 전면 확대.
https://www.dailysportshankook.co.kr/news/articleView.html?idxno=404270

조선일보(2023.5.3). 0.78㎝ 차이' 칼같은 판정… '로봇 심판'이 야구를 바꾼다.
https://www.chosun.com/opinion/2024/05/03/HMOTI4H7XNG2ROTADG7IECVO7M/

CNN(2025). MLB is putting automated balls and strikes to the test in the All Star Game. Some pitchers aren't exactly thrilled
https://edition.cnn.com/2025/07/15/sport/mlb-all-star-game-balls-and-strikes-spt

Lee, S. H.(2024). A study on the impact of the Automated Ball-Strike System (ABS) on professional baseball. *Journal of Sport Management, 27*(1), pp.1~15.

MLB(2025). MLB testing automated ball-strike challenge system during spring games.

https://www.mlb.com/news/automated-ball-strike-calls-mlb-spring-games

06
다른 스포츠의 AI 심판 도입

인간 심판의 주관적 판단이 크게 개입되거나, 육안으로 판단하기 어려운 미세한 움직임이 많은 종목에서 AI는 공정성과 정확성을 높이는 강력한 도구로 부상하고 있다. 농구의 파울 판정 연구부터 올림픽 채점 종목인 체조, 그리고 복싱, 태권도와 같은 격투 스포츠에 이르기까지, 다양한 스포츠에서 AI 심판이 어떻게 활용되고 있는지 살펴보는 것은 미래 스포츠의 모습을 예측하는 데 중요한 통찰을 제공할 것이다.

AI와 민주주의?

비주류 종목에서 피어나는 AI 심판의 가능성: 스포츠 전반의 혁신

축구, 테니스, 야구는 AI 심판 기술 도입의 선두 주자로서 많은 주목을 받았다. 그러나 이들 종목 외에도 전 세계 수많은 스포츠 경기에서 AI 심판 기술의 적용 가능성이 모색되고 있으며, 일부는 이미 활발하게 시범 운영되거나 공식 도입되고 있다. 이는 AI 심판이 단순히 특정 인기 종목에만 국한된 현상이 아니라, 스포츠 전반의 판정 시스템을 혁신하려는 광범위한 움직임의 일환임을 보여 준다. 특히 인간 심판의 주관적 판단이 크게 개입되거나, 육안으로 판단하기 어려운 미세한 움직임이 많은 종목에서 AI는 공정성과 정확성을 높이는 강력한 도구로 부상하고 있다. 농구의 파울 판정 연구부터 올림픽 채점 종목인 체조, 그리고 복싱, 태권도와 같은 격투 스포츠에 이르기까지, 다양한 스포츠에서 AI 심판이 어떻게 활용되고 있는지 살펴보는 것은 미래 스포츠의 모습을 예측하는 데 중요한 통찰을 제공할 것이다.

농구와 AI 기반 판정 보조 연구: 빠르고 복잡한 경기 속의 AI

농구는 경기 전개가 매우 빠르고 선수들의 움직임이 복

잡하며, 신체 접촉이 잦아 파울 판정이 빈번하게 이뤄지는 종목이다. 특히 트래블링(Traveling), 더블 드리블(Double Dribble)과 같은 반칙은 순식간에 일어나 심판의 육안으로는 정확히 판단하기 어려운 경우가 많다. 이러한 상황은 경기 흐름을 끊거나 논란을 유발할 수 있다. 현재까지 프로 농구 공식 경기에서 AI 심판이 직접 판정을 내리는 단계는 아니지만, AI를 이용한 판정 보조 및 연구는 꾸준히 진행되고 있으며 그 잠재력을 보여 주고 있다.

AI 기반 반칙 감지 시스템의 개발

해외의 한 대학생 연구팀은 컴퓨터 비전 기술을 활용해 농구 경기의 영상을 분석하고, AI가 선수의 움직임과 공의 위치를 파악해 트래블링이나 더블 드리블과 같은 반칙을 자동으로 감지하는 시스템을 개발하기도 했다. 이 시스템은 선수의 발 움직임과 공이 손에서 떨어지는 시점을 정밀하게 추적해, 규칙 위반 여부를 실시간으로 판별할 수 있음을 입증했다. 이는 인간 심판이 모든 선수의 발과 공의 움직임을 동시에 주시하며 판단하기 어려운 상황에서 AI의 강력한 보조 능력을 보여 주는 사례다.

미래 농구 판정의 가능성

이러한 AI 기반 시스템은 미래에 농구 심판이 명백한 오심을 줄이고, 일관성 있는 판정을 내리는 데 중요한 보조 도구가 될 수 있다. 예를 들어, AI가 실시간으로 반칙 가능성이 있는 플레이를 감지하고 심판에게 경고 신호를 보내거나, 비디오 판독 시 심판에게 특정 장면의 핵심 증거를 제공함으로써 판정의 효율성을 높일 수 있다. 궁극적으로는 특정 상황에 대한 판정을 AI가 직접 내리는 방식으로 발전할 가능성도 있으며, 이는 농구 경기에서 판정 논란을 최소화하고 경기의 흐름을 매끄럽게 유지하는 데 크게 기여할 수 있다.

올림픽 채점 종목에서의 AI 활용: 체조와 '레오타드 편향' 완화

체조와 같은 올림픽 채점 종목은 예술성, 난이도, 수행도를 복합적으로 평가해 점수를 매기기 때문에 인간 심판의 주관이 크게 개입될 여지가 있다. 이로 인해 과거부터 '레오타드 편향'과 같은 비판이 꾸준히 제기돼 왔다. 레오타드 편향은 심판이 특정 국가나 선수, 혹은 과거 성적에 대한 선입견으로 인해 무의식적으로 더 높은 점수를 주는 경향을 의미하며, 이는 스포츠의 공정성에 대한 심각한 논란을 야기했다.

체조 판정 지원 시스템(JSS) 도입

이러한 주관성을 줄이고 공정성을 높이기 위해 국제체조연맹(FIG)은 일본 후지쓰사가 개발한 JSS를 도입하기 시작했다. JSS는 다음과 같은 기술적 원리로 작동하며 체조 판정에 혁신을 가져오고 있다.

3D 센서 및 고속 영상 분석

JSS는 경기장에 설치된 3D 레이저 센서와 고속 카메라를 활용해 선수의 연기를 실시간으로 정밀하게 분석한다. 선수의 신체 각 부위 움직임, 자세의 각도 벗어남 정도, 착지 시 흔들림 정도 등을 데이터화해 정량적으로 평가한다. 예를 들어, 공중에서의 회전 수, 착지 시의 균형 유지 여부, 특정 기술의 정확한 수행 여부 등 인간의 눈으로는 정확히 포착하기 어려운 미세한 움직임까지 수치화해 분석한다. 또한 선수의 신체 각 부위 움직임, 회전 궤적, 기술 수행 중 신체의 모양(angle · shape) 변화 등을 정량화해 기록한다. 특히 공중회전 수, 무릎 · 엉덩이 접힘 각도, 착지 흔들림 정도 등 인간의 눈으로는 놓치기 쉬운 미세한 요소까지 데이터로 잡아낸다.

AI 기반 데이터 제공과 심판 보조

AI는 이 방대한 데이터를 기반으로 난도와 기술 형태까지 정밀하게 판독해 인간 심판의 판단을 보조한다. 2024년 파리 올림픽 체조 종목에서는 이 AI 심판이 시범 도입돼 인간 심판의 점수를 검증하는 보조 역할을 맡았다. 그리고 실제로 도마에서 기술 형태를 잘못 판단한 인간 심판의 판정을 AI가 바로잡은 사건도 있었다.

한 선수가 파이크(piked) 공중돌기를 수행했는데, 육안으로 본 인간 심판은 무릎·엉덩이 접힘이 더 큰 것처럼 보인다며 이를 터크(tucked) 공중돌기로 평가해 난도가 낮게 책정되었다. 하지만 이의제기가 들어오자 AI가 3D 데이터를 분석한 결과 파이크 기준에 정확히 부합한다는 정량 데이터가 나온 것이다. 결국 AI는 이 기술을 정확한 파이크 돌기로 판정했고, 선수의 난도 점수는 다시 올라가 최종 순위에도 영향을 미쳤다.

이 사건은 체조계 내부에서 "AI가 진짜 난도 판정의 사각지대를 메워준다"라는 평가를 남긴 대표적 사례로 회자되고 있다.

기술의 순기능과 공정성 향상

JSS와 같은 AI 기반 시스템은 채점 종목에서 오랜 기간 논란이 돼 온 심판의 주관성과 편향성을 줄이는 데 중요한 순기능을 한다. 이는 선수들이 오직 자신의 기량으로만 평가받을 수 있는 공정한 환경을 만든다. 또한 팬들에게는 데이터 기반의 투명한 판정이 제공되고, 심판은 더 일관된 판정을 내릴 수 있으며, 선수는 억울함 없이 자신이 수행한 기술 그대로 평가받는 시대를 맞이하게 되었다.

격투 스포츠 및 기타 종목의 전자 판정: 기술을 통한 불확실성 감소

복싱, 태권도와 같은 격투 스포츠 역시 판정 시비가 끊이지 않는 종목이다. 득점 판정에 인간의 개입이 큰 만큼 오심 논란이 빈번했고, 이는 종목의 인기에 부정적인 영향을 미치기도 했다. 이러한 불확실성을 줄이고 공정성을 높이기 위해 전자 판정 시스템이 도입되기 시작했다.

태권도 전자 호구 및 헤드기어

태권도에서는 선수들이 착용하는 전자 헤드기어와 전자 호구(Electronic Protector)가 공격의 유효 여부를 센서로 감지해 자동 채점하는 방식으로 활용되고 있다. 타격 시 발생하는 충격량을 센서가 감지해 미리 설정된 기준치 이상의 충격이 유효 타격 부위에 가해졌을 때만 득점으로 인정된다. 이는 심판의 육안 판단에 따른 오류를 줄이고 득점의 객관성을 확보하는 데 중요한 역할을 한다. 특히 발차기나 주먹이 워낙 빠르게 오가는 태권도 경기에서 인간 심판의 판단만으로는 정확성에 한계가 있었는데, 전자 호구는 이를 보완하며 판정 시비를 획기적으로 줄였다.

복싱의 미래 기술

복싱에서도 펀치의 강도나 유효타 여부를 측정하는 센서 기술이 연구되고 있으며, 향후 AI와 결합해 더욱 정교한 판정 시스템으로 발전할 가능성이 있다. 이는 펀치의 정확한 타격 위치와 강도를 측정해 득점 판정의 투명성을 높일 수 있으며, 경기 중 심판의 개입을 줄이고 선수들의 순수한 기량 경쟁을 유도할 수 있다.

배구 영상 판독 챌린지

배구에서는 주요 득점 상황에서 오심이 의심될 경우 비디오 판독을 통해 정확한 판정을 내리는 영상 판독 챌린지 시스템이 도입돼 활용되고 있다. 이는 공의 라인 침범 여부나 네트 터치(Net Touch) 여부, 블로킹 터치 아웃 여부 등을 정밀하게 판단해 오심을 줄이는 데 기여한다.

육상 출발 판정의 AI

육상 경기에서는 이미 포토 피니시 기술이 정착됐지만, 최근에는 AI 영상 분석 기술을 활용해 선수들의 출발 동작이나 미세한 부정 출발 여부를 더욱 정밀하게 판독하려는 시도도 이뤄지고 있다. 선수의 반응 속도를 정확히 측정하고, 출발 블록에서의 움직임을 분석해 부정 출발을 자동으로 감지하는 시스템이 연구 중이며, 이는 초 단위의 경쟁에서 발생할 수 있는 판정 논란을 최소화할 수 있다.

이처럼 AI 심판은 축구, 테니스, 야구를 넘어 거의 모든 스포츠 종목에 걸쳐 다양하게 적용되고 있으며, 이는 스포츠의 공정성과 신뢰도를 한 단계 높이는 중요한 변화로 인식되고 있다. AI 기술은 스포츠 판정의 새로운 지평을 열고 있으며, 이는 스포츠의 미래를 더욱 흥미롭고 공정하게 만들어 갈 것이다.

참고문헌

김세화 외(2024). 스포츠 AI 심판에 대한 언론의 인식: 키워드

네트워크 분석 활용. 한국체육측정평가학회지, 26(4), 95~105쪽.

로봇신문(2018.12.28). "후지쯔, 체조 선수 경기력 판정 AI시스템 개발". https://www.irobotnews.com/news/articleView.html?idxno=15994

세계태권도연합뉴스(2025.2.14). DAEDO GEN3 PSS System, Officially Certified by World Taekwondo. https://www.wtu.kr/2692

연합뉴스(2024.8.29). 프로배구, AI 비디오판독 시스템 개발 추진. https://m.yonhapnewstv.co.kr/news/MYH20240829001500641

이종림(2024). AI는 파리올림픽에서 어떤 역할을 할까? https://www.popsci.co.kr/news/articleView.html?idxno=21686

International Gymnastics Federation(FIG). Judging Support System. https://www.gymnastics.sport/site/pages/judges-support.php

ScientificAmerican(2024.5.2). AI Is Helping Referee Games in Major Sports Leagues, but Limitations Remain. https://www.scientificamerican.com/article/ai-is-helping-referee-games-in-major-sports-leagues-but-limitations-remain/

Shin, M. C., et al.(2024). When taekwondo meets artificial intelligence: the development of taekwondo. *Applied Sciences, 14*(7), 3093.

07
AI 심판 기술의 원리

스포츠 경기에서 AI 심판이 내리는 판정은 마법처럼 느껴질 수 있다. 육안으로는 도저히 판별할 수 없는 미세한 차이를 정확히 잡아내고, 순식간에 복잡한 상황을 분석해 명확한 결론을 도출해 낸다. 이러한 '보이지 않는 판단' 뒤에는 정교하고 복잡한 과학 기술의 원리가 숨어 있다. AI 심판 시스템은 단순히 최첨단 장비를 나열하는 것을 넘어, 컴퓨터 비전, 센서 기술, 그리고 딥러닝 알고리즘과 같은 AI 분야의 핵심 기술들이 유기적으로 결합돼 작동한다.

AI와 애니메이션?

보이지 않는 판단의 과학: AI 심판의 기술적 기반

스포츠 경기에서 AI 심판이 내리는 판정은 마법처럼 느껴질 수 있다. 육안으로는 도저히 판별할 수 없는 미세한 차이를 정확히 잡아내고, 순식간에 복잡한 상황을 분석해 명확한 결론을 도출해 낸다. 이러한 '보이지 않는 판단' 뒤에는 정교하고 복잡한 과학 기술의 원리가 숨어 있다. AI 심판 시스템은 단순히 최첨단 장비를 나열하는 것을 넘어, 컴퓨터 비전, 센서 기술, 그리고 딥러닝 알고리즘과 같은 AI 분야의 핵심 기술들이 유기적으로 결합돼 작동한다. 일반 독자들도 이해할 수 있도록 전문 용어를 최소화하고 비유를 활용해, AI 심판 시스템이 어떻게 정보를 수집하고, 이를 분석해 '생각하고 판단'하는지 그 근본 원리를 알기 쉽게 풀어낼 것이다. AI 심판의 놀라운 능력이 어떤 기술적 기반 위에 구축돼 있는지 이해하는 것은 스포츠 판정의 현재와 미래를 조망하는 데 필수적인 통찰을 제공할 것이다.

영상 인식 기술: 컴퓨터의 눈과 기하학적 분석

AI 심판 시스템의 가장 핵심적인 기술 중 하나는 영상 인식이다. 대부분의 AI 심판은 고속 카메라로 촬영된 영상 데이터를 기반으로 공과 선수의 움직임을 파악하며,

이는 마치 컴퓨터가 '눈'을 가지고 경기를 지켜보는 것과 같다.

컴퓨터 비전의 역할

컴퓨터 비전은 컴퓨터가 이미지나 동영상으로부터 의미 있는 정보를 추출하고 이해할 수 있도록 하는 AI 분야다. AI 심판 시스템에서는 다음과 같이 활용돼 경기 상황을 디지털 정보로 변환한다.

고속 카메라를 통한 데이터 수집

경기장 곳곳에 설치된 고해상도 고속 카메라는 선수와 공의 움직임을 초당 수십에서 수백 프레임으로 촬영한다. 예를 들어, 인간의 눈으로는 인식할 수 없는 1초 미만의 빠른 움직임도 여러 장의 독립된 프레임으로 세분화해 기록하며, 이는 판정의 정확도를 높이는 데 필수적인 초석이 된다.

객체 탐지 및 추적 알고리즘

컴퓨터 비전 알고리즘은 이 방대한 프레임들을 하나하나 분석해 '공', '선수', '심판', '라인', '골대' 등과 같은 특정 객체를 자동으로 식별한다. 이후 각 객체의 위치와 움직임을 연속적으로 추적해 그들의 궤적과 상호작용을 파악한다. 축구의 VAR 시스템은 컴퓨터 비전으로 선수들의 위치를 파악해 오프사이드 라인을 설정하고, 공의 궤적을 추적해 골 여부를 판단하는 데 핵심적으로 활용된다. 이는 인간 심판의 시야를 보완하고 확장하는 역할을 한다.

좌표 삼각 측량을 통한 3차원 위치 파악

영상 인식의 핵심 기술 중 하나는 삼각 측량이다. 이는 여러 대의 카메라가 동시에 한 대상을 촬영할 때, 각 카메라에서 포착된 대상의 2차원 좌표(화면상의 위치)를 이용해 대상의 정확한 3차원 공간 좌표(실제 경기장 내 위치)를 계산하는 기하학적 원리다. 마치 사람이 양쪽 눈으로 사물을 봐 거리를 가늠하듯이, 여러 카메라의 시차(parallax)를 이용해 공간 좌표를 계산하는 원리다.

테니스 호크아이 시스템의 사례

테니스 호크아이 시스템은 이 원리를 활용하는 대표적인 예다. 코트 주변에 배치된 10대 이상의 고속 카메라가 공의 움직임을 다각도에서 촬영하고, 이 영상 데이터를 바탕으로 공의 3차원 궤적을 정교하게 재구성하며 코트 내 낙하 지점을 3mm 이내의 오차로 예측한다. 이처럼 정밀한 3차원 분석은 인간 심판이 육안으로 판단하기 어려운 미세한 인·아웃 여부를 정확히 판별하는 데 결정적인 역할을 한다. 축구의 반자동 오프사이드 판독 기술 또한 다수의 카메라로 선수의 관절 부위 등 신체 29개 지점을 추적하고, 이를 삼각 측량해 오프사이드 라인을 벗어났는지를 정밀하게 판단한다.

센서 기술: 실시간 데이터의 정밀함과 즉각적인 판정

영상 인식 기술과 더불어 센서 기술은 AI 심판의 또 다른 중요한 축이다. 센서는 물리적 현상(움직임, 충격, 위치 등)을 감지하고 이를 전기적 신호로 변환해 정량적인 데이터를 실시간으로 제공하며, 이는 즉각적인 판정을 가능하게 한다.

관성 센서의 활용

IMU는 가속도계, 자이로스코프, 지자기 센서 등을 포함하는 복합 센서로, 물체의 움직임과 방향을 정밀하게 측정한다.

축구 골라인 테크놀로지

축구의 골라인 테크놀로지에 사용되는 공 안에는 자이로 센서(Gyroscope Sensor)와 가속도 센서(Accelerometer Sensor)를 포함한 IMU 센서가 내장돼 있다. 이 센서들은 공의 움직임, 속도, 회전 등을 초당 수백 회 측정해 공이 골라인을 완전히 통과했는지를 정확히 판단한다. 공이 라인을 통과하는 순간, 심판의 시계에 무선으로 신호가 전달돼 즉각적인 득점 판정이 가능하다. 이는 인간 심판이 육안으로 판단하기 어려웠던 골 여부 논란을 원천적으로 해결했다.

야구 ABS

야구의 ABS는 공의 궤적을 추적하기 위해 트래킹 카메라 외에도 고정밀 레이더 센서 등을 활용해 투구의 속도, 회전, 궤적 데이터를 보다 정밀하게 수집한다. 이 데이터는 공이 스트라이크존을 통과했는지를 판단하는 데 결정적인 역할을 하며, 센서의 즉각적인 반응 속도는 실시간 판정을 가능하게 한다.

특정 종목에서는 정교한 공간 분석을 위해 레이저 센서가 활용된다.

격투 스포츠 등에서는 직접적인 접촉을 감지하는 센서가 활용돼 득점 판정의 정확성을 높인다.

태권도 전자 호구 및 헤드기어

태권도 선수들이 착용하는 전자 호구와 전자 헤드기어에는 압력 센서나 충격 센서가 내장돼 있다. 이 센서들은 발차기나 주먹이 유효 타격 부위에 가해졌을 때 발생하는 충격량을 감지해 미리 설정된 기준치 이상의 충격이 가해졌을 때만 득점으로 인정한다. 이는 인간 심판의 판단에 따른 오류를 줄이고 득점의 객관성을 확보하는 데 중요한 역할을 한다.

딥러닝 알고리즘: 학습과 판단의 자동화

AI 심판의 '지능'은 딥러닝(Deep Learning) 알고리즘에서 비롯된다. 딥러닝은 인간 뇌의 신경망을 모방한 인공신경망(Artificial Neural Network)을 기반으로, 방대한 데이터를 학습해 스스로 패턴을 인식하고 복잡한 규칙을 터득하며 판단을 내리는 인공지능의 핵심 기술이다.

데이터 학습

판정 기준의 내재화: AI 심판 시스템은 수많은 과거 경기

영상, 인간 심판의 판정 기록, 선수 움직임 데이터 등 방대한 양의 학습 데이터를 입력받는다. 예를 들어, 농구 파울 판독 AI는 수천 시간의 경기 영상을 보고 어떤 움직임이 '트래블링'이고 어떤 움직임이 '파울'인지 심판의 실제 판정 기록과 매칭해 학습한다. 즉, '기계가 수많은 실제 경기 데이터를 관찰하고 분석함으로써 판정 기준과 규칙 적용의 미묘한 패턴을 스스로 배우는' 과정이다. 이 학습 과정에서 AI는 사람 심판이 미처 인지하지 못했던 미묘한 패턴이나 규칙 적용의 일관성을 스스로 파악하고 내재화할 수 있다.

패턴 인식 및 실시간 판단

초고속 의사 결정: 학습을 통해 AI는 특정 상황에서 발생할 수 있는 패턴을 인식하고, 이를 기반으로 실시간으로 들어오는 새로운 영상이나 센서 데이터에 대해 판단을 내린다.

야구 ABS의 판단 과정

야구 ABS는 투구된 공의 궤적 데이터를 학습된 스트라이크존 패턴과 비교해, 투구가 스트라이크인지 볼인지를 거의 실시간으로 판단한다. 이 과정은 인간의 눈으로는 도저히 따라갈 수 없는 속도로 이뤄지며, 즉각적인 판정 결과를 주심에게 전달한다.

채점 AI의 정교한 평가

체조와 같은 채점 종목의 AI는 학습된 올바른 동작 패턴과 선수의 실제 연기 데이터를 비교해, 오차나 난이도 수행 여부를 자동으로 평가한다. 이는 인간 심판의 채점을 보조해 객관적이고 일관된 점수 부여를 가능하게 한다.

정확도 향상 요소와 한계 극복을 위한 노력

AI 심판의 정확도를 높이기 위해서는 다음과 같은 요소들이 필수적이다.

고품질 학습 데이터

AI의 성능은 학습 데이터의 양과 질에 크게 좌우된다. 데이터에 편향이 있거나 부족하면 AI의 판단에도 오류가 발생할 수 있으므로, 다양하고 객관적인 데이터를 확보하는 것이 중요하다.

고성능 하드웨어 및 네트워크

AI 심판 시스템의 구현을 위해서는 고해상도 카메라와

정밀 센서, 그리고 이들이 생성하는 방대한 데이터를 빠르게 처리·분석할 수 있는 고성능 컴퓨팅 파워(GPU 등)가 필수적이다. 또한 데이터가 전송되고 수신되는 과정에서 지연을 최소화하는 저지연 네트워크(Low Latency Network, 예: 5G) 역시 핵심 요소로 꼽힌다. 예를 들어 체조, 테니스, 축구와 같은 종목에서 고해상도 카메라와 센서가 수집한 데이터를 즉시 판정 화면에 반영하기 위해서는 네트워크 지연이 거의 없어야 한다. 만약 지연이 발생하면 경기 흐름이 끊기거나 잘못된 판정으로 이어질 위험이 크다.

지속적인 업데이트 및 재학습

스포츠 규칙의 변화, 새로운 플레이 스타일의 등장, 그리고 기술적 개선 사항에 맞춰 AI 모델은 지속적으로 업데이트되고 재학습돼야 한다. 이는 AI 심판 시스템이 끊임없이 진화하며 최신 스포츠 환경에 적응하도록 하는 핵심 과정이다.

이처럼 AI 심판은 영상 인식, 센서 기술, 그리고 딥러닝 알고리즘이 유기적으로 결합돼 작동한다. 이러한 기술적 기반 덕분에 AI 심판은 인간의 눈으로는 감지하기 어려운 미세한 차이를 포착하고, 일관성 있는 기준으로 판단을 내릴 수 있게 됐으며, 이는 스포츠 판정의 새로운 시대를 열고 있다.

참고문헌

강승애(2022). "스포츠 현장에서의 빅데이터와 인공지능 활용 동향". 《융합보안 논문지》.

FIFA(2022). Semi-automated offside technology. https://inside.fifa.com/innovation/world-cup-2022/semi-automated-offside-technology

Fujitsu. Judging Support System for Gymnastics. https://www.fujitsu.com/global/digital-transformation/dx-stories/gymnastics-jss/

Jiang, Z., et al.(2020). AI-assisted low information latency wireless networking. *IEEE Wireless Communications, 27*(1), 108-115.

Kang, D. W.(2021). Artificial Intelligence and Sensor Technology in Sports Refereeing. *Korean Journal of Sports Science, 32*(3), pp.1~12.

Lee, J. K.(2020). Applications of Computer Vision and Machine Learning in Sports Officiating. *Journal of Sports Science and Technology, 19*(1), pp.1~10.

Nature(2024). AI & robotics briefing: How AI referees are shaking up football. https://www.nature.com/articles/d41586-024-02064-7

The Guardian(2024.8.13). Premier League to bring in AI-powered camera system to speed up VAR process.

https://www.theguardian.com/football/article/2024/aug/13/premier-league-to-introduce-revolutionary-camera-system-to-aid-var-process

08
AI 심판 도입이 가져온 변화

AI 심판 도입이 스포츠 경기 운영, 선수와 코칭 전략, 그리고 팬 경험에 구체적으로 어떤 변화를 가져왔는지 다각도로 분석하고, 이러한 변화가 스포츠 문화에 어떤 새로운 영향을 미치고 있는지 심층적으로 다룰 것이다. 긍정적인 측면과 부정적인 측면을 모두 조명해, AI 시대의 스포츠가 만들어 내는 새로운 흐름을 이해하고자 한다.

AI와 인재 채용?

스포츠 현장의 새로운 풍경: 기술이 바꾸는 경기와 경험

AI 심판의 도입은 단순히 판정 정확도 향상이라는 기술적 측면을 넘어, 스포츠 현장의 다양한 요소에 걸쳐 광범위한 변화를 가져왔다. 경기를 운영하는 방식, 선수와 코칭스태프의 전략, 그리고 팬들과 관중들이 경기를 경험하고 소비하는 방식에 이르기까지, 스포츠의 모든 영역에서 새로운 풍경이 펼쳐지고 있다. 과거에는 오심 논란과 심판의 주관적 판단이 경기의 일부로 여겨지며 때로는 예측 불가능한 드라마를 만들어 내기도 했다. 그러나 AI 심판의 등장은 이러한 익숙한 풍경을 변화시키고, 더욱 공정하고 효율적인 시스템을 향한 발걸음을 재촉하고 있다.

AI 심판 도입이 스포츠 경기 운영, 선수와 코칭 전략, 그리고 팬 경험에 구체적으로 어떤 변화를 가져왔는지 다각도로 분석하고, 이러한 변화가 스포츠 문화에 어떤 새로운 영향을 미치고 있는지 심층적으로 다룰 것이다. 긍정적인 측면과 부정적인 측면을 모두 조명해, AI 시대의 스포츠가 만들어 내는 새로운 흐름을 이해하고자 한다.

경기 운영상의 변화: 신속성, 효율성, 그리고 논란의 감소

AI 심판의 도입은 스포츠 경기 운영 방식에 근본적인 변화를 가져왔다. 가장 두드러지는 변화는 바로 판정의 신속성, 효율성, 그리고 논란의 감소다.

판정 시간 단축과 경기 흐름의 변화

야구의 자동 볼 · 스트라이크 판정 시스템(ABS)은 투구와 동시에 판정이 내려지므로, 과거 인간 주심이 볼을 판정하고 포수가 공을 다시 투수에게 던지는 과정에서 발생하던 시간이 획기적으로 줄어든다. 이는 전체 경기 시간 단축에 직접적으로 기여하며, 투수와 타자는 불필요한 지연 없이 즉각 다음 플레이에 집중할 수 있게 된다. 불필요한 공수 교대 지연이나 심판과의 설전이 줄어들어 경기의 속도감이 높아지고, 팬들의 지루함을 덜어 주는 효과를 가져왔다.

축구의 비디오 보조 심판(VAR)은 복잡한 상황에 대한 판정 정확도를 높였지만, 판독 과정에서 경기가 일시적으로 중단되는 상황이 발생한다. 이로 인해 득점 후 세리머니를 하다가 VAR 확인을 위해 잠시 숨죽이고 기다려야 하는 새로운 관전 문화가 만들어졌다. 때로는 판독 시간이 길어져 경기의 몰입감이 일시적으로 깨진다는 비판도 있지만, 명백한 오심으로 인한 불필요한 항의나 격렬한 시비로 인한 경기 지연은 현저히 줄어드는 긍정적인 효과도 있다. 심판의 권위에 대한 도전이 줄어들면서 경기 운영의 안정성과 예측 가능성이 높아졌다.

판정 일관성의 증대와 공정성 향상

AI 심판은 사전에 설정된 알고리즘과 객관적인 데이터를 기반으로 모든 상황에 동일한 기준을 적용한다. 이는 심판마다 달라질 수 있었던 판정의 비일관성을 해소하고, 경기의 예측 가능성을 높인다. 예를 들어, 야구에서 더 이상 '심판마다 다른 스트라이크존'이라는 논란은 사라지고, 모든 투수와 타자는 동일한 기계적 기준에 따라 플레이하게 된다. 이는 선수들이 불필요한 불확실성 없이 오직 자신의 기량으로 승부할 수 있는 환경을 조성하며, 경기의 공정성을 한층 더 높은 수준으로 끌어올리는 데 기여한다.

선수와 코칭 전략의 변화:
기술에 적응하는 스포츠의 지혜

AI 심판의 도입은 선수들의 경기 전략과 코칭 방식에도 깊은 영향을 미쳤다. 판정이 정밀해지면서, 과거 인간 심판의 주관적 판단에 기대던 전략들은 점차 효력을 잃게 되었고, 새로운 기술 환경에 맞는 적응과 변화가 요구됐다.

야구의 포수 프레이밍 기술 변화

인간 심판 시대에는 포수가 투수의 공을 교묘하게 잡아 스트라이크존을 벗어난 공도 스트라이크처럼 보이게 하는 프레이밍(Framing) 기술이 매우 중요했다. 포수의 프레이밍 능력은 투수에게 유리한 판정을 유도해 경기에 큰 영향을 미쳤다. 그러나 ABS가 도입되면서 공의 궤적만을 기준으로 판정하기 때문에 포수의 프레이밍 기술은 더 이상 유효하지 않게 됐다. 포수들은 이제 오직 공을 안정적으로 포구하고 블로킹하는 본연의 수비 역할에 집중해야 하며, 이는 포수 포지션의 기술적 요구사항 변화로 이어진다.

축구 수비수들의 라인 조정 변화

VAR과 반자동 오프사이드 판독 기술의 도입으로 오프사이드 판정이 매우 정교해지면서, 축구 수비수들은 오프사이드 트랩을 시도할 때 더욱 미세한 라인 조정에 신경 써야 한다. 과거처럼 애매한 상황에서 심판의 오심을 기대하기 어렵기 때문에, 수비 라인 형성에 더욱 엄격하고 정확한 판단이 요구된다. 이는 수비 전술의 변화를 가져왔으며, 수비수들이 라인 컨트롤 훈련에 더욱 집중하게 만드는 요인이 됐다.

심리적 스트레스 감소와 경기력 향상

판정의 공정성이 높아지면서 선수들이 오심으로 인해 억울함을 느끼거나 심리적인 스트레스를 받을 일이 현저히 줄어든다는 긍정적인 측면도 있다. 불필요한 항의나 논쟁에 에너지를 낭비하지 않고, 경기에 대한 몰입도를 높이며 오직 자신의 기량으로 승부할 수 있는 환경이 조성된다. 이는 선수들의 멘탈 관리에 긍정적인 영향을 미쳐 잠재적으로 경기력 향상에 기여할 수 있다.

코칭 전략의 변화

코치들은 이제 심판의 성향을 파악하거나 판정을 유도하는 전략보다는, AI 시스템이 적용하는 객관적인 기준에 맞춰 선수들의 기술을 향상시키고 전술을 개발하는 데 집중해야 한다. 예를 들어, 야구 타자들은 '기계가 판정하는 스트라이크존'에 대한 이해를 바탕으로 타격 존을 더욱 정밀하게 조정하는 훈련을 하게 된다.

팬과 관중 경험의 변화: 투명성, 참여, 그리고 감성의 균형

AI 심판은 팬들과 관중들이 스포츠 경기를 경험하고 소비하는 방식에도 다각적인 변화를 가져왔다.

판정의 투명성 및 수용도 증가

경기장 내 대형 스크린을 통해 VAR 판정 과정이나 호크아이의 공 궤적 시연이 투명하게 공개되면서, 팬들은 판정 결과를 보다 쉽게 이해하고 수용하는 경향이 높아졌다. 과거처럼 심판의 판정에 대한 맹목적인 불신이나 과격한 항의는 줄어들어 경기장 내 분위기가 더욱 안정적이고 긍정적으로 변화하고 있다. 이는 스포츠의 신뢰도를 높이고 팬들의 만족도를 증진시킨다.

새로운 재미 요소와 참여 경험

판정 과정을 지켜보는 것 자체가 경기의 새로운 재미 요소가 되기도 한다. 예를 들어, 테니스에서 선수의 챌린지 성공 여부를 지켜보는 것은 관중들에게 긴장감과 흥미를 동시에 제공하며, 판정 결과에 따라 환호성을 터뜨

리는 새로운 응원 문화가 생겨나기도 한다. 축구의 VAR 판정 후 대형 스크린에 최종 결정이 내려지는 순간도 팬들에게는 새로운 종류의 드라마로 다가오며, 때로는 팬들이 직접 판정을 예측해 보는 등 경기에 더 적극적으로 참여하게 만드는 요인이 된다.

감정적 요소의 감소에 대한 아쉬움

반면, 일부 팬들은 기술 개입으로 인해 스포츠 특유의 인간적인 감정과 불확실성의 재미가 반감된다고 느끼기도 한다. 축구에서 득점 후 VAR 확인으로 기쁨이 잠시 유보되거나, 야구에서 심판과 선수 간의 '밀당' 같은 미묘한 긴장감이 사라지는 것에 대한 아쉬움의 목소리도 존재한다. 과거 오심 논란이 빚어낸 뜨거운 논쟁과 그로 인한 이야깃거리가 줄어드는 것을 아쉬워하는 팬들도 있으며, 이는 스포츠가 단순히 결과만을 추구하는 것이 아닌, 과정 속의 인간적인 드라마도 중요하게 여겨져야 한다는 시사점을 던진다.

스포츠 비즈니스 측면의 영향

판정 정확성 향상은 리그의 신뢰도를 높여 스폰서 유치나 중계권료 상승 등 스포츠 비즈니스 측면에서도 긍정적인 영향을 미칠 수 있다. 공정하고 신뢰할 수 있는 경기는 더 많은 시청자와 팬들을 유인하며, 이는 스포츠 산업의 전반적인 성장을 견인할 수 있다. 그러나 AI 심판 시스템 구축 및 운영에 막대한 초기 투자 비용이 소요되므로, 리그나 구단의 재정적 부담이라는 과제도 함께 고려해야 한다. 이는 중소 규모 리그나 아마추어 스포츠에 AI 심판 도입을 확산하는 데 걸림돌이 될 수 있다.

결론적으로 AI 심판의 도입은 스포츠 현장에 다양한 긍정적 및 부정적 변화를 가져왔다. 이러한 변화들은 스포츠가 기술과 공존하며 끊임없이 진화하는 과정임을 보여 주며, 앞으로도 스포츠의 본질과 기술의 조화로운 공존 방식을 탐색하는 노력이 지속될 것이다.

참고문헌

양지혜(2020). 스포츠 판정 시스템의 기술적 적용에 관한 연구: 프로야구의 로봇 심판제 도입을 중심으로.

허도휘 외(2024). AI 기술도입이 스포츠 인식에 미치는 영향 연구. 한국체육과학회지, 33(6), 495~08쪽.

홍규리 외(2021). 로봇심판의 도입이 야구팬들이 인식하는 판정에 대한 공정성과 경기 시청 경험에 미치는 영향. 한국스포츠산업경영학회지, 26(3), 70~82쪽.

FIFA(2022). FIFA World Cup Qatar 2022™ – Semi-automated

offside technology:
https://www.fifa.com/technical/football-technology/semi-automated-offside-technology-explained

Held, J., et al.(2023). VARS: Video assistant referee system for automated soccer decision making from multiple views. In Proceedings of the IEEE/CVF Conference on Computer Vision and Pattern Recognition (pp. 5086~5097).

Lee, K., Han, K., & Ko, J. (2024). Analyzing the Impact of the Automatic Ball-Strike System in Professional Baseball: A Case Study on KBO League Data. arXiv preprint arXiv:2407.15779.

Lim, J. H.(2023). The effect of Artificial Intelligence Referee System on Sports Fan Engagement and Satisfaction. *International Journal of Sport Policy and Management, 15*(1), pp.33~48.

Salem, T. B. Beyond human referees: The future of artificial intelligence in the FIFA World Cup 2026 between legitimacy and fan psychology.

The Guardian(2024.4.19)A revolution for sport? Olympic vision for AI innovations laid out by IOC.
https://www.theguardian.com/sport/2024/apr/19/revolution-for-sport-ioc-sets-out-vision-for-ai-innovations-at-olympics

09
AI 심판의 공정성과 윤리

AI는 인간의 실수를 줄일 수 있지만, AI 자체의 한계나 학습 데이터의 편향성으로 인해 또 다른 불공정을 야기할 수 있다. 또한, 기계가 스포츠의 판정을 전담하게 될 때 스포츠 본연의 인간적인 가치와 감성적인 경험이 훼손될 수 있다는 우려도 제기된다. AI 심판을 둘러싼 공정성 논쟁과 윤리적 쟁점들을 심도 있게 다루고, 기술 발전과 스포츠 윤리 사이의 조화를 모색하는 방향에 대해 성찰하고자 한다.

AI와 기자?

완벽한 공정성을 향한 도전과 역설: 기술의 그림자

AI 심판의 도입은 스포츠의 오랜 염원인 '완벽한 공정성' 실현에 대한 기대를 높였다. 인간 심판이 가질 수밖에 없는 편견, 피로, 그리고 감정의 개입 여지를 기술이 제거함으로써, 오직 객관적인 규칙과 데이터에 기반한 판단만이 존재할 것이라는 낙관론이 지배적이었다. 이는 불필요한 오심 논란을 줄이고 경기의 신뢰도를 높이는 데 크게 기여할 것으로 기대됐다.

그러나 기술이 발전하고 AI 심판의 적용 범위가 넓어질수록, 예상치 못한 새로운 형태의 공정성 논란과 윤리적 쟁점들이 부각되기 시작했다. AI는 인간의 실수를 줄일 수 있지만, AI 자체의 한계나 학습 데이터의 편향성으로 인해 또 다른 불공정을 야기할 수 있다는 역설적인 상황에 직면한 것이다. 또한, 기계가 스포츠의 판정을 전담하게 될 때, 스포츠 본연의 인간적인 가치와 감성적인 경험이 훼손될 수 있다는 우려도 제기된다. AI 심판을 둘러싼 공정성 논쟁과 윤리적 쟁점들을 심도 있게 다루고, 기술 발전과 스포츠 윤리 사이의 조화를 모색하는 방향에 대해 성찰하고자 한다.

공정성 논쟁: 데이터 편향과 알고리즘의 한계

AI 심판은 인간의 편견과 실수를 배제함으로써 이상적인 공정성을 추구하지만, 현실에서는 학습 데이터의 편향이나 알고리즘 자체의 한계로 인해 새로운 불공정이 발생할 수 있다는 점이 주요 논쟁 지점이다.

데이터 편향 문제와 AI의 그림자

AI는 과거 데이터를 학습해 판단을 내린다. 따라서 만약 학습 데이터 자체에 특정 팀이나 선수, 또는 특정 상황에 대한 인간 심판의 편향된 판정 기록이 누적돼 있다면, AI는 그 편향을 그대로 학습하고 답습하거나 심화시킬 위험이 있다. 예를 들어, 과거에 특정 선수의 플레이가 유독 엄격하게 파울로 판정된 사례가 데이터에 많았다면, AI는 유사한 상황에서 해당 선수에게 더 엄격한 판정을 내릴 수 있다. 이러한 데이터 편향은 AI 시스템의 '블랙박스(Black Box)' 문제와 결합될 때 더욱 심각해진다. AI가 어떤 과정을 거쳐 특정 판정을 내렸는지 투명하게 설명되지 않으면, 그 판정이 편향된 데이터에 기반한 것인지 검증하기 어렵고, 이는 새로운 불신을 야기할 수 있다. 따라서 AI 학습에 사용되는 데이터의 질과 대표성을 확보하고, 편향성을 제거하기 위한 엄격한 검증 및 보완

노력이 필수적이다.

알고리즘의 한계와 미묘한 규칙 해석

스포츠 규칙 중에는 사람의 판단 여지에 따라 달라지는 미묘한 부분들이 존재한다. 농구에서 심판이 경기의 맥락을 고려해 경미한 파울을 흘려보내는 '어드밴티지' 개념처럼, 인간 심판은 때때로 유연성을 발휘해 경기의 흐름과 재미를 유지하기도 한다. 그러나 기계는 이러한 인간적인 감각이나 '규칙의 정신'을 흉내 내기 어렵다. AI는 오직 명문화된 규칙과 입력된 데이터에 기반해 판단하기 때문에, 규칙에 명시되지 않은 새로운 플레이나 예술적인 연기를 어떻게 평가할지에 대한 의문도 남아 있다. 미묘한 상황에서 기계적인 '절대적' 판정이 오히려 스포츠의 본질적 재미를 해치거나, 인간 심판의 노련한 재량을 반영하지 못할 수 있다는 지적도 제기된다. AI가 복잡한 인과관계를 모두 학습하기 어렵다는 알고리즘의 본질적 한계가 드러나는 지점이다.

윤리적 쟁점: 인간적인 가치의 상실과 책임의 문제

AI 심판의 도입은 기술적 공정성 논의를 넘어, 스포츠의 인간적인 가치와 윤리적 책임에 대한 심도 있는 질문을 던진다.

스포츠의 인간적인 요소 상실 우려

스포츠는 단순히 규칙에 따라 승패를 가리는 것을 넘어, 심판의 권위, 선수와 심판 간의 소통, 그리고 그 과정에서 빚어지는 예측 불가능한 드라마와 감정의 교류가 중요한 부분이다.

감정의 제거

기계 판정은 냉정할 만큼 정확하지만, 판정에 얽힌 '이야깃거리'나 스포츠 특유의 불확실성에서 오는 재미를 제거할 수 있다. 팬들은 더 이상 심판의 오심에 야유하거나 명판정에 열광하는 경험을 하기 어려워질 수 있다. 동시에 인간 심판의 실수조차도 경기의 일부로 받아들이던 독특한 감성적 경험을 잃을 수 있다는 우려가 존재한다. 스포츠는 완벽함만을 추구하는 것이 아닌, 인간적인 불완전함 속에서 나오는 감동도 중요한 가치이기 때문이다.

소통과 상호작용의 부재

과거 선수들은 판정에 이의를 제기하며 심판과 상호작

용하고, 그 과정에서 군중의 호응을 얻는 장면이 연출되곤 했다. 이러한 소통과 감정의 교류는 스포츠의 중요한 요소였지만, AI 판정 환경에서는 이러한 인간적 상호작용이 사라지고, 선수들은 단순히 기계의 결정에 따르는 수동적인 관계로 변모할 수 있다. 이는 스포츠 경기 자체의 분위기에도 영향을 미칠 수 있다.

책임과 신뢰 문제

잘못된 판정이 발생했을 때, 그 책임 소재가 불분명해질 수 있다는 것은 중요한 윤리적 쟁점이다. 기계의 오류를 탓할 것인가, 아니면 시스템을 설계하고 운영하는 인간(개발자, 리그 운영진, 담당 심판 등)의 책임을 물을 것인가? 이러한 책임의 불분명성은 새로운 형태의 분쟁을 야기할 수 있으며, 스포츠 단체나 리그의 신뢰도에도 심각한 영향을 미칠 수 있다. 또한, AI 판정 알고리즘의 투명성이 확보되지 않으면, 팬들이나 선수들은 판정 결과를 신뢰하지 못하는 새로운 불신을 가질 수 있다. AI 시스템이 왜 특정 판정을 내렸는지 그 내부 작동 방식이 공개되지 않는다면, 그 공정성에 대한 의구심은 계속될 수밖에 없다.

정보 보안 및 오용의 위험

AI 심판 시스템은 선수들의 생체 정보, 경기 데이터, 개인 기록 등 민감한 정보를 수집하고 분석한다. 이러한 데이터의 유출이나 해킹 위험, 또는 부적절한 데이터 사용(예: 특정 팀에 유리한 알고리즘 조작, 베팅 관련 정보 유출) 가능성은 심각한 윤리적 문제로 이어질 수 있다. 따라서 AI 기술 도입에 따른 부작용을 예방하기 위한 강력한 보안 시스템과 데이터 수집 및 활용에 대한 명확한 윤리적 규범, 그리고 법적 장치 마련이 필수적이다. 이러한 논쟁점들을 해결하기 위해서는 기술 발전과 더불어 스포츠의 본질적 가치, 인간의 경험, 그리고 사회적 합의를 고려하는 다각적인 접근이 필요하다. 결국 AI와 스포츠 윤리의 조화를 모색하는 것이 AI 심판 시대의 가장 중요한 과제일 것이다.

참고문헌

김영준(2021). "스포츠 판정에서 인공지능의 윤리적 문제와 공정성 논쟁". 《스포츠법학연구》.

박성주(2018). 심판판정과 비디오판독 도입에 관한 윤리적 쟁점 연구. 움직임의 철학: 한국체육철학회지, 26(2), 31~41쪽.

Weekly(2024). The Future of Sports: How Technology is Transforming the Game.

https://www.fwweekly.com/2024/12/09/the-future-of-sports-how-technology-is-changing-the-game/

Lee, H. J.(2022). The Ethics of AI in Sports: Bias, Transparency, and Accountability. *Korean Journal of Sports Ethics, 14*(2), pp.1~18.

The Media Copilot(2025.8.12). AI bias isn't going away. Here's how to keep it in check.
https://mediacopilot.substack.com/p/ai-bias-isnt-going-away-heres-how

Zhu, J. & Guo, W.(2020). The Ethical Dilemmas of Artificial Intelligence in Sports Officiating. *Journal of Sport and Social Issues, 44*(6), pp.465~478.

10
AI 심판의 미래와 과제

일부 전문가들은 "머지않아 20~30년 안에 AI가 심판 자리를 완전히 차지할 것"이라고 전망하며, 거의 모든 스포츠 종목에서 완전 자동화된 심판 시스템이 현실화될 것이라고 예측한다. 이러한 기술적 발전은 스포츠 판정의 패러다임을 근본적으로 변화시킬 것이며, 스포츠 경기는 지금과는 전혀 다른 모습으로 펼쳐질 수 있다. 지금까지 살펴본 내용을 바탕으로 AI 심판의 미래 전망을 그려 보고, 동시에 기술 발전에 따라 우리가 해결해야 할 제도적, 철학적 과제들을 심층적으로 논의하고자 한다.

AI와 미래 의사?

기술이 이끌 스포츠 판정의 새로운 지평: 인간을 넘어선 정확성

AI 심판 기술의 발전은 더 이상 먼 미래의 이야기가 아니다. 이미 축구의 VAR, 테니스의 호크아이, 야구의 로봇 심판 등 다양한 형태로 스포츠 현장에 깊숙이 자리 잡고 있으며, 그 적용 범위는 점차 확대되고 있다. 컴퓨터 비전, 센서 기술, 그리고 딥러닝 알고리즘은 상상을 초월하는 속도로 발전하고 있으며, 이는 인간의 눈과 판단을 훨씬 뛰어넘는 정확성과 정밀성을 제공할 잠재력을 가지고 있다.

일부 전문가들은 "머지않아 20~30년 안에 AI가 심판 자리를 완전히 차지할 것"이라고 전망하며, 거의 모든 스포츠 종목에서 완전 자동화된 심판 시스템이 현실화될 것이라고 예측한다. 이러한 기술적 발전은 스포츠 판정의 패러다임을 근본적으로 변화시킬 것이며, 스포츠 경기는 지금과는 전혀 다른 모습으로 펼쳐질 수 있다. 지금까지 살펴본 내용을 바탕으로 AI 심판의 미래 전망을 그려 보고, 동시에 기술 발전에 따라 우리가 해결해야 할 제도적, 철학적 과제들을 심층적으로 논의하고자 한다.

기술적 발전 전망:
완전 자동화 심판의 도래와 그 모습

AI 심판 기술은 지속적인 발전을 통해 더욱 정교하고 자율적인 시스템으로 진화할 것이다. 이는 스포츠 판정의 정확도와 효율성을 극대화하며, 인간 심판의 개입을 최소화하는 방향으로 나아갈 것이다.

정확도와 속도의 극대화된 판정

초고해상도 영상 및 3D 모델링의 발전: 미래에는 더욱 발전된 초고해상도 카메라 시스템과 정교한 3D 모델링 기술을 통해 경기장 전체를 실시간으로 스캔하고, 선수와 공의 모든 움직임을 나노 단위까지 정밀하게 추적할 수 있게 될 것이다. 이는 인간 심판이 감지할 수 없는 미세한 움직임이나, 여러 선수가 겹쳐 발생하는 복잡한 상황까지 완벽하게 분석해 오류 없는 판정을 가능하게 할 것이다. 예를 들어, 축구에서 수비수와 공격수의 미세한 몸의 위치 차이까지도 AI가 3D 모델링으로 정확하게 파악해 오프사이드 여부를 판정할 수 있다.

실시간 예측 및 자동 판정 시스템

딥러닝 알고리즘은 방대한 실시간 데이터를 바탕으로

특정 상황의 결과를 미리 예측하고, 즉각적으로 판정을 내리는 수준으로 발전할 수 있다. 예를 들어, 축구에서 오프사이드 상황이 발생하기 전에 AI가 이미 오프사이드를 감지하고 실시간으로 시각화 정보를 제공해, 경기가 중단되기 전에 판정 시뮬레이션을 완료하는 방식도 가능해질 것이다. 이는 경기 지연을 최소화하고 매끄러운 경기 흐름을 유지하는 데 기여할 것이다.

복합적 상황 판단 능력 강화

현재 AI 심판은 주로 명확한 기준에 따른 판정(볼 · 스트라이크, 골 · 노골)에 강점을 보이지만, 미래에는 더욱 복합적인 상황 판단 능력을 갖추게 될 것이다.

규칙 해석의 정교화와 맥락 이해

AI는 학습 데이터를 통해 스포츠 규칙의 미묘한 해석까지도 학습해, 인간 심판의 노련한 판단에 근접하거나 이를 능가하는 수준으로 발전할 수 있다. 예를 들어, 농구에서 '고의성 파울'과 같이 인간의 의도를 추론해야 하는 복잡한 판정 영역에도 AI가 다양한 상황 데이터와 선수들의 행동 패턴을 분석해 일정 부분 기여할 수 있을 것이다.

채점 종목의 객관화와 정밀 평가

체조, 피겨 스케이팅과 같은 채점 종목에서는 AI가 선수의 연기를 분석해 정량적인 데이터를 제공하는 것을 넘어, 예술성이나 난이도 평가에 대한 객관적인 기준을 제시하고, 심판의 주관적 편향을 최소화하는 데 결정적인 역할을 할 수 있다. 예를 들어, 과거 메달 결정에 논란이 됐던 특정 예술 동작에 대해 AI가 수치적 근거와 함께 모범적인 수행 사례를 제시해 심판의 판단을 보완하는 방식이 가능해질 것이다. 이러한 기술적 발전은 미래 스포츠 경기가 더욱 공정하고 빠르게 진행될 것이라는 기대를 높인다. 스포츠 경기장은 더 이상 단순히 선수들의 경합 장소가 아니라, 첨단 AI 기술이 실시간으로 모든 것을 분석하고 판단하는 '스마트 경기장'으로 진화할 것이다.

제도적 과제:
스포츠 규칙과 거버넌스 재편의 필요성

AI 심판의 완전한 도입을 위해서는 기술적 발전뿐만 아니라 제도적 과제를 해결하는 것이 필수적이다. 이는 스포츠의 오랜 전통과 가치를 유지하면서도 기술 혁신을 수용하는 균형점을 찾는 과정이며, 스포츠의 미래를 위한 중요한 사회적 합의를 요구한다.

스포츠 규칙의 개정 및 표준화

AI 심판 시스템은 명확하고 정량화된 기준을 필요로 한다. 기존 스포츠 규칙 중 인간 심판의 주관적 판단 여지를 허용했던 미묘한 부분들은 AI 시스템에 맞춰 더욱 명확하고 객관적인 기준으로 재정의돼야 한다. 예를 들어, 축구의 핸드볼 파울이나 야구의 체크 스윙 판정처럼 논란이 많았던 규칙들은 AI가 판단할 수 있도록 구체적인 기준과 정의가 마련돼야 한다. 또한, 각 종목의 국제 경기 연맹(FIFA, ITF 등)과 개별 리그는 AI 판정 시스템에 대한 통일된 표준을 마련하고, 이를 모든 대회에 일관되게 적용할 수 있도록 국제적인 협력과 합의를 이끌어 내야 한다. 이는 판정의 형평성을 보장하고, 국제적인 스포츠 경쟁의 공정성을 유지하는 데 필수적이다.

이의제기 절차 및 기술 오작동 규정

AI 판정 시스템이 100% 완벽할 수는 없으므로, 시스템 오류나 오작동이 발생했을 때의 이의 제기 절차와 경기 진행 규정을 명확히 해야 한다. AI의 판정에 대한 재검토 과정, 기술적 결함이 경기에 미친 영향에 대한 판단 기준, 그리고 책임 소재(AI 개발사, 리그 운영진, 현장 심판 등)를 명확히 규정하는 법적, 제도적 장치가 필요하다.

이는 기술적 신뢰성만큼이나 중요한 제도적 신뢰를 구축하는 데 기여할 것이며, 불필요한 분쟁을 예방하는 역할을 한다.

데이터 윤리 및 보안 강화

AI 심판 시스템은 선수들의 생체 정보, 경기 데이터, 개인 기록 등 방대한 양의 민감한 정보를 수집하고 분석한다. 이러한 데이터의 수집, 저장, 활용에 대한 윤리적 기준과 강력한 보안 규정을 마련해야 한다. 개인 정보 보호, 데이터 활용 범위 제한, 그리고 시스템 해킹으로 인한 판정 조작 가능성 등에 대한 예방책이 필요하다. AI가 스포츠의 공정성을 높이는 도구가 되기 위해서는 데이터 윤리가 확고히 지켜져야 하며, 이는 곧 스포츠 팬과 선수들의 신뢰를 얻는 데 결정적인 역할을 할 것이다.

인간 심판의 역할 변화와 철학적 질문: 기술과 인간성의 조화

AI 심판 시대가 도래하더라도 인간 심판이 완전히 사라지기보다는 그 역할이 변화할 가능성이 크다. 인간 심판은 AI가 아직 대체하기 어려운 고유의 강점을 가지고 있기 때문이다.

인간 심판의 고유한 강점과 새로운 가치

스포츠 경기는 예측 불가능한 변수가 많고, 때로는 비디오 판독만으로는 해석하기 어려운 복잡한 상황이 발생하기도 한다. 인간 심판은 이러한 예외 상황에 대한 유연한 대처 능력과 경기 전반의 흐름을 조절하는 '경기 운영의 묘'를 발휘할 수 있다. 선수들의 감정 조절, 경기 중 돌발 상황에 대한 판단, 그리고 스포츠 정신에 입각한 도덕적 판단 등은 여전히 인간 심판의 영역으로 남아 있을 가능성이 높다. 특히 여자 기계체조, 리듬체조, 피겨스케이팅 등 예술성이 중요하게 평가되는 종목에서는, 기술적으로 완벽한 동작을 수행했더라도 표현력, 독창성, 감정 전달과 같은 예술적인 요소가 점수에 큰 영향을 미친다. AI는 정량적인 데이터를 기반으로 동작의 정확성과 난이도를 판단하는 데는 뛰어나지만, 인간의 감성과 미적 기준에 기반한 '예술성'을 과연 정확히 판단할 수 있을 것인가에 대한 의문이 여전히 존재한다. 인간 심판은 기술적 판단을 넘어선 '스포츠적 판단'을 내릴 수 있는 존재이며, 이는 경기의 질을 높이는 데 중요한 역할을 한다.

새로운 역할로서의 '하이브리드 모델'

미래의 인간 심판은 AI 시스템의 감독관, 기술 관리자,

또는 최종 승인자로서의 역할을 수행할 수 있다. AI가 내린 판정을 최종적으로 검토하고 승인하거나, AI가 미처 판단하지 못하는 미묘한 영역에 개입해 최종 결정을 내리는 역할을 맡을 수 있다. 즉, AI는 정확한 데이터를 제공하고, 인간 심판은 그 데이터를 바탕으로 종합적인 판단을 내리는 하이브리드(Hybrid) 모델이 가장 이상적인 형태로 자리 잡을 수 있다. 이는 AI의 정확성과 인간의 유연성 및 감각을 결합해 스포츠의 공정성과 재미를 동시에 추구하는 방식이다.

AI 심판의 발전은 궁극적으로 스포츠의 본질에 대한 철학적인 질문을 던진다.

완전한 객관화가 가져올 가치와 손실

과연 판정의 완전한 객관화가 스포츠에 가져올 긍정적 효과는 무엇이고, 잃는 것은 무엇일까? 오심이 없는 경기는 완벽한 공정성을 제공하지만, 동시에 인간적인 실수와 그로 인한 예측 불가능한 드라마를 제거함으로써 스포츠의 재미를 반감시킬 수 있다는 우려도 존재한다. 스포츠는 승패만큼이나 과정과 인간의 노력이 중요하며, 때로는 불완전함 속에서 나오는 감동이 더 큰 울림을

주기도 한다.

스포츠의 '인간적인' 감동 유지

스포츠가 인간에게 주는 감동과 예측 불가능성까지 기계가 완전히 대체할 수는 없을 것이다. 결국 공정성과 인간미 사이에서 균형을 찾는 일이 중요하다. AI 심판은 인간 심판을 완전히 대체하기보다는, 인간의 한계를 보완하며 함께 발전해 나가는 방향으로 나아가야 할 것이다. 이 과정에서 우리는 스포츠의 본질을 되새기고, 기술이 인간의 경험을 어떻게 풍요롭게 할 수 있을지에 대한 답을 찾아야 할 것이다. 미래지향적이고 책임 있는 기술 활용이 AI 심판 시대의 가장 중요한 과제다.

참고문헌

AI넷(2024.10.19). 심판관의 종말, 인공지능 심판 시대가 온다. https://www.ainet.link/16929

Goover(2025.3.25). AI 심판, 스포츠의 판도를 바꾸다: 필요성과 가능성 점검. https://seo.goover.ai/report/202503/go-public-report-ko-bf8b3359-8c18-43ad-8c5b-c75f3af841dc-0-0.html

Goel, A.(2024). Is technology a complement or substitute to refereeing in sports? A review. *International Journal of Sports Technology and Science, 2*(1), pp13~23.

Gottschalk, C., et al.(2022). Innovation in Elite Refereeing Through AI Technological Support for DOGSO Decisions. *International Journal of Operations Management, 2*(3), pp7~15.

G42(2024). The Future of Sport and AI – Report. https://www.g42.ai/resources/publications/future-sport-and-ai

Jones, R.(2022). The Future of Sports Officiating: AI, Ethics, and Human Touch. *Journal of Sport Management and Marketing, 17*(3), pp.201~215.

Kim, S. Y.(2023). A Study on the Ethical Challenges of AI Referees in Professional Sports. *Korean Journal of Sports Ethics, 15*(1), pp.1~15.

The New York Rimes(2024.10.06). The Robotic Future of Pro Sports. https://www.nytimes.com/2024/10/06/briefing/pro-sports-robo-refs.html

윤지운

한국체육대학교에서 박사 학위를 취득했으며, 현재 한국체육대학교 경기지도학과 및 스포츠융복합대학원 주임교수이자 스포츠AI빅데이터 전공 수업을 담당하고 있다. 대한체조협회 심판위원장과 아시아대학스포츠연맹(AUSF) 정보기술 위원회 위원으로도 활동하며, AI가 스포츠에 미치는 영향, 특히 스포츠 AI 기술 활용과 심판 기술의 발전에 깊은 관심을 가지고 연구해 왔다. 스포츠와 기술의 융합에 대한 다수의 학술 논문과 전문 서적을 발표했으며, 스포츠의 공정성과 인간적 가치 사이의 균형을 모색하며 기술이 스포츠의 미래를 더 나은 방향으로 이끌 수 있을지에 대한 비전을 제시하고 있다.